禅画禅话

星云大师 著

高尔泰 蒲小雨 绘画

禅画本

云心

星云禅话

凤凰出版传媒集团
江苏文艺出版社
JIANGSU LITERATURE AND ART PUBLISHING HOUSE

目录

什么是禅

禅，是言语道断的世界，但所谓“妙高顶上，不可言传，第二峰头，略容话会。”禅的境界，固然无法言诠，但如果全然不说，一般人怎能领会禅门胜义？所以千古以来，禅宗的祖师大德们无不老婆心切，努力说禅，多少公案、语录也因此而流传后世，至今仍为佛子们所津津乐道。

禅，是不见不闻的世界，然而如同六祖惠能大师所言：“佛法在世间，不离世间觉，离世求菩提，犹如觅兔角。”生活在世间的人们离开世间的见闻觉知，如何求得禅法的门径？佛世时的呗比丘以感人肺腑的优扬音声，阻止波斯匿王攻打邻国的计划；印度的马鸣菩萨以一曲自作自唱的“赖吒和罗”，使华氏城五百位王子悟道出家；吴承恩的《西游记》以“玄奘西行”的故事为经纬，流传六世纪之久，寓意深邃，雅俗共赏；铃木大拙以般若文字弘扬佛法，引起多少欧美人士的共鸣。凡此清凉六根，进而感动心灵深处，激发本有佛性的方式，何尝不是禅理的体现呢？

所以，什么是禅？禅，是我们的真如自性；禅，是我们的本来面目；禅，是不尽的宝藏；禅，是艺术的生活。禅，有时空的普遍性；禅，有人生的平等性；禅，有智慧的幽默性；禅，有尊严的规范性。

禅，好比一朵花，为生命增色彩；禅，好像一撮盐，为世间添滋味；禅，类似一幅画，能美化环境；禅，如同一滴水，能滋润身心。禅，不限任何形式，有了禅，可以让我们认识般若本性；有了禅，可以将我们带入更高的境界。

为了让大家认识禅的妙用，一九八六年，我应高雄《新闻晚报》之邀，撰写专栏时，即以“星云禅话”为题，将古今富含意趣的禅门事迹公诸于世，前后共写了五百多则，未曾中断。后来《新闻晚报》停刊，蒙“中华电视台”青睐，希望我将《星云禅话》录制成节目，我欣然应允，在华视播出数百集之多，接着美国北美卫星电视台也要求播放给当地华人共同欣赏。

之后，美国彼得朗出版社（Peter Lang Publishing INC.）将我的禅话英译出书，佛光文化也以中文及中、英对照的禅话问世，一九九二年，联经公司更应读者请求，将姚家彦先生一年多来在《经济日报》刊载的“星云禅话”结集出版，而皇冠出版社也前来要求将《星云禅话》排版付梓。一本小小的禅话竟然获得大家如此的爱护，实在让我深感欣慰，也可见当今世人迫切需要的，就是带有禅味的生活。

一九九三年，大陆画家高尔泰、蒲小雨夫妇来到美国。高尔泰先生自幼随父学画，先师承吕凤子、乌淑养、颜文樑、吕斯百等名家，融汇各家所长，中西画法互补，独辟蹊径，不拘一格，少年即负画名，又因博览群集，画作内涵丰富，加以在敦煌十余年，临摹历代真迹，技艺越臻化境。其一生除作画、研究、教书之外，也撰写文章，著述甚丰。高夫人蒲小雨女士不仅是画家，也是文学家，她的摹古画作曾长期在北京博物馆展出，一九九三年在香港大会堂展出巨幅大作“千手千眼观世音菩萨”，广受赞叹。他们夫唱妇随，鳒鲽情深，在西来寺挂单期间，以《星云禅话》的内容为体裁，画下“禅画”百幅，于一九九五年底相继在台北佛光缘美术馆、台南佛光缘美术馆展出六个月，佳评如潮。

所谓“花香不在多，室雅何须大。”有了禅心，无时无刻不是净土现前。“禅”在中国盛行期间，发展出生活上的茶道、花道、书道、剑道……再传日本以后，反而逐渐在本土流失，成为他人的文化，唯有禅画在中国向来历久不衰，代有新创。高尔泰、蒲小雨夫妇的百幅禅画栩栩如生，意境幽远，可说继唐代禅月的“十六罗汉图”、五代石恪的“二祖调心图”、南宋梁楷的“六祖截竹图”、元代因陀罗的“寒山拾得图”等名作之后，成为现代禅画的代表巨擘之一。

有鉴于现代人因生活的动荡、纷乱，造成焦虑、紧张等诸多病症，而禅法是最能安定身心的力量，禅画可广收寓教于乐的效果，所以佛光文化将高尔泰、蒲小雨夫妇的百幅禅画和我的《星云禅话》两相对照，排版出书，订名为《禅话禅画》，以普利社会大众。吾感其意义深远，欣然为文，以为序言。

星云

一九九六年九月于佛光山

锄草斬蛇

有一个学僧到智常禅师的道场来参学。

智常禅师正在锄草，草中刚好跑出一条蛇，禅师举起锄头便砍。

学僧很不以为然地说道：

“很久就仰慕这里慈悲的道风，到了这里，却只看见一个粗鲁的俗人。”

智常禅师道：“像你这么说话，是你粗，还是我粗？”

学僧仍不高兴地问道：“什么是粗？”

智常禅师放下锄头。

学僧又问：“什么是细？”

禅师举起锄头，作斩蛇的姿势。

学僧不明白智常禅师的意思，道：

“你说的粗细，叫人无法了解！”

智常禅师就反问道：“且不要依照这样说粗细，请问你在什么地方看见我斩蛇？”

学僧毫不客气的道：“当下！”

智常禅师用训诫的口气道：“你‘当下’不见到自己，却来见到斩蛇做什么？”

学僧终于有省。

禅宗史上有南泉斩猫的故事，有谓杀生究是佛门根本大戒，南泉不应杀生；有谓这是南泉古佛的大机大用，不能以狭义的见解，诬谤大德。南泉斩猫或许以手作势，为斩断大家的物欲和执著。现在智常斩蛇，这可能也是作势欲斩，学僧见风即雨，故脱口批评太粗气了，意谓些慈悲没有。

但智常禅师既有德望可以号召学者，岂容你说粗说细，所以教诫学僧不要停滞在见闻觉知上，禅要割断常情常识，为什么一定要在外境上分别执著，而不能照顾当下的自我呢?

事事纷纷如闪电
轮回滚滚似云飞
今日不知明日事
哪有功夫论是非

月亮偷不去

良宽禅师除弘法外，平常就是居住在山脚下一间简陋的茅棚里，生活过得非常简单。有一天晚上，他从外面讲经回来，刚好撞上一个小偷正在光顾他的茅庐，小偷看到禅师回来了，慌张得不知如何是好。

良宽和悦地对双手空空的小偷说："找不到可偷的东西吗？想你这一趟是白跑了。这样吧！我身上的这件衣服，你就拿去吧！"

小偷抓着衣服就跑，良宽禅师赤着身子，在月光下看到小偷的背影，无限感慨地说："可惜我不能把这美丽的月亮送给他！"

"美丽的月亮"，象征着我们的自性。每一个人，自性中都有无限的宝藏，假如能识得自家宝藏，何用偷窃他物？禅师的惋惜，不能将美丽的月亮送人，正是告诉天下众生，人人都有佛性至宝，何必沦为窃盗？

吾有一躯佛
世人皆不识
不塑亦不装
不雕亦不刻
无一块泥土
无一点彩色
工画画不成
贼偷偷不得
体相本自然
清净常皎洁
虽然是一躯
分身千百亿

凡聖両忘

南塔光涌禅师初参仰山禅师时，仰山问他："你来做什么？"

光涌答："来拜见禅师。"

仰山又问："见到禅师了吗？"

光涌答："见到了！"

仰山再问："禅师的样子像不像驴马？"

光涌说："我看禅师也不像佛！"

仰山不放松再追问："既不像佛，那么像什么？"

光涌则不甘示弱地回答："若有所像，与驴马有何分别？"

仰山大为惊叹，说道："凡圣两忘，情尽体露，二十年之中，再也无人优胜于你，你好好保重。"

事后仰山禅师一见到人就赞叹说：

"光涌为肉身佛也。"

这则公案究竟有何含意呢？譬如有人问人像什么，这是很难回答的问题。因为假如有所像，就有所不像。如果回答说人像鬼，鬼中也有人；如果说鬼像人，人中也有鬼。金刚经说："凡所有相，皆是虚妄。""若见诸相非相，即见如来。"虚空像什么？虚空无相无所不相，正因为虚空无相，才能包容万有；虚空无相，所以像一切的样子。仰山禅师和光涌禅师议论不像驴，不像佛，那么究竟像什么？像自己。唯有见到自己的自性，才能与虚空一个鼻孔出气。像什么？像虚空无相之相。能够凡圣两忘，体用一如，那就是见到无相的真理了。

凡圣两忘
体用一如
见无相者
即见如来

一與十

龙潭崇信禅师是湖南人氏，未出家前非常穷困，在天皇道悟禅师寺旁，摆一个卖饼的摊子，连一个住所也没有。道悟禅师怜他穷苦，就将寺中一间小屋给他居住。崇信为了感恩，每天送十个饼给道悟禅师。道悟禅师收下以后，每次总叫侍者拿一个还给崇信。有一天，崇信终于向道悟禅师抗议道："饼是我送给你的，你怎可每天还我一个，这是什么意思？"

天皇道悟禅师温和地解释道："你能每天送我十个，为什么我不能每天还你一个？"

崇信不服气地抗辩道："我既能送你十个，何在乎你还我一个？"

道悟禅师哈哈笑道："一个你还嫌少吗？十个我都没有嫌多，一个你还嫌少？"

崇信听后，似有所悟，便决心请求道悟禅师为其剃度，准他出家。

道悟禅师说道："一生十，十生百，乃至能生千万，诸法皆从一而生。"

崇信自信地应道："一生万法，万法皆一！"

道悟禅师为其剃度，后在龙潭结庵居住，世称龙潭崇信禅师。

这一段公案，完全表现的是自他一体、能所不二的禅心。天皇道悟禅师的房子，要让给龙潭崇信禅师去住，这表示我的就是你的；龙潭崇信禅师的烧饼，天皇道悟禅师收下以后，又再还一个给龙潭崇信禅师，这表示你的就是我的。当然，那时天皇道悟禅师的苦心，不是一个卖饼的俗人所知，但经常如此，终于触动崇信的灵机，从参究这个疑团，到直接的抗辩论争，龙潭崇信终于觉悟到多少不二，你我不二，心物不二，有无不二，原来宇宙万有，千差万别，皆一禅心也。

一生十
十生百
宇宙万有
皆一禅心

不變應萬變

道树禅师，建了一所寺院，与道士的“庙观”为邻，道士放不下观边的这所佛寺，因此每天变一些妖魔鬼怪来扰乱寺里的僧众，要把他们吓走。今天呼风唤雨，明天风驰电掣，确实将不少年轻的沙弥都吓走了。可是，道树禅师却在这里一住就是十多年。到了最后，道士所变的法术都用完了，可是道树禅师还是不走，道士无法，只得将道观放弃，迁离他去。

后来，有人问道树禅师说：“道士们法术高强，您怎能胜过他们呢？”

禅师说：“我没有什么能胜他们的，勉强说，只有一个‘无’字能胜他们。”

“无，怎能胜他们呢？”

禅师说：“他们有法术，有，是有限、有尽、有量、有边；而我无法术，无，是无限、无尽、无量、无边；无和有的关系，是不变应万变。我‘无变’当然会胜过‘有变’了。”

本无一事可思求
平地风波信笔收
从地倒还从地起
十方世界任优游

不信是真諦

有学僧请示慧忠国师道：

“古德云：‘青青翠竹尽是法身，郁郁黄花无非般若’。不信的人认为是邪说，有信仰者认为是不可思议，但不知如何才正确？”

慧忠国师回答道：“此是文殊普贤等之境界，非诸凡夫小乘们所能信受，故《华严经》云：‘佛身充满于法界，普现一切群生前，随缘赴感靡不周，而常处此菩提座。’翠竹既不出于法界，岂非法身？又《般若经》云：‘色无边，故般若亦无边。’黄花既不越于色，岂非般若？故经本不定法，法本无多子。”

学僧听后，仍不明白，再问道：

“此中消息，信者为是？不信者为是？”

慧忠国师提示更高的意境，答道：

“信者为俗谛，不信者为真谛。”

学僧大惊道：

“不信者讥为邪见，禅师怎可说为真谛？”

“不信者自不信，真谛自真谛。因其真谛，故凡夫斥为邪见。邪见者，何能语真谛？”慧忠国师作了总结。

学僧方悟究竟真理，不易信也。

佛陀初证悟，即慨叹所悟与众生相违，众生认为欲乐为真，佛陀则认为欲乐为假；众生认为佛性真如为无，佛陀则认为是有。故世间之法，莫以信与不信为准，莫不以说好说坏为准，实则是佛道的归于佛道，邪见的归于邪见。

郁郁黄花无非般若
青青翠竹尽是法身
真俗二谛孰为正
不相信处道更亲

我不是衆生

惟宽禅师有一次被一位学僧问道：“狗有没有佛性？”

“有。”惟宽禅师答。

“你有没有佛性？” “我没有。”

“为什么一切众生皆有佛性而你没有？” “因为我不是你所说的众生。”

“你不是众生，是佛吗？” “也不是。”

“那你究竟是什么？” “我不是一个‘什么’！”

学僧最后问道：“那是我们能够看到或想到的吗？”

“那是不可思不可议的不可思议。”

我是什么？我就是我。如果人人都能肯定自我，那就是真我。所谓真我非众生，非不众生，那是个什么呢？

个个明明呈似君
不须特地策功勋
风和日暖黄鹤叫
春在花梢已十分

不能代替

道谦禅师与好友宗圆结伴参访行脚，途中宗圆因不堪跋山涉水的疲困，因此几次三番的闹着要回去。

道谦就安慰着说：“我们已发心出来参学，而且也走了这么远的路，现在半途放弃回去，实在可惜。这样吧，从现在起，一路上如果可以替你做的事，我一定为你代劳，但只有五件事我帮不上忙。”

宗圆问道：“哪五件事呢？”

道谦非常自然地说道：“穿衣、吃饭、屙屎、撒尿、走路。”

道谦的话，宗圆终于言下大悟，从此再也不敢说辛苦了。

谚语说：“黄金随着潮水流来，你也应该早起把它捞起来！”世间上没有不劳而获的成就，万丈高楼从地起，万里路程一步始。生死烦恼，别人丝毫不能代替分毫，一切都要靠自己啊！

坐破蒲团不用功
何时及第悟心空
真是一番齐着力
桃花三月看飞红

放下什麽

佛陀住世时，有一位名叫黑指的婆罗门来到佛前，运用神通，两手拿了两个花瓶，前来献佛。

佛陀对黑指婆罗门说："放下！"

婆罗门把他左手拿的那个花瓶放下。

佛陀又说："放下！"

婆罗门又把他右手拿的那花瓶放下。

然而，佛陀还是对他说："放下！"

这时黑指婆罗门说："我已经两手空空，没有什么可以再放下了，请问现在你要我放下什么？"

佛陀说："我并没有叫你放下你的花瓶，我要你放下的是你的六根、六尘和六识。当你把这些统统放下，再没有什么了，你将从生死桎梏中解脱出来。"

黑指婆罗门才了解佛陀放下的道理。

"放下！"这是非常不容易做到的。吾人有了功名，就对功名放不下；有了金钱，就对金钱放不下；有了爱情，就对爱情放不下；有了事业，就对事业放不下。

吾人在肩上的重担，在心上的压力，岂止手上的花瓶？这些重担与压力，可以说使人生活得非常艰苦。必要的时候，佛陀指示的"放下"，不失为一条幸福解脱之道！

学道犹如守禁城
昼防六贼夜惺惺
将军主帅能行令
不用干戈定太平

到了龍潭

德山禅师本是北方讲经说法的大师，因不满南方禅门教外别传的说法，携带自著的《金刚经青龙疏钞》南来抗辩，才到南方就受到一位老婆婆的奚落，自此收敛起狂傲的心。他请问老婆婆，近处有什么宗师可以前去参访？老婆婆告诉他在五里外，有一位龙潭禅师，非常了得。

德山禅师到了龙潭，一见龙潭禅师就迫不及待地问道："这是什么地方？"

龙潭禅师回答道："龙潭！"

德山禅师逼问道："既名龙潭，我在此巡迴既不见龙，又不见潭，这是何故？"

龙潭禅师就直截了当地告诉德山禅师道："你非常辛苦，你已到了龙潭！"

这天夜里，德山向龙潭禅师请教，站在龙潭禅师座前久久不去，龙潭禅师说道："夜已很深，你为何还不下去！"

德山道过晚安，告辞回去，走到门口，又再回来，说道："外面实在太黑，学生初到，不知方向。"

龙潭禅师就点燃了一支蜡烛给他，正当德山伸手来接时，龙潭禅师就把烛吹灭，德山到此忽然大悟，立刻跪下来，向龙潭禅师顶礼，龙潭禅师问道："你见到了什么？"

德山禅师回答道："从今以后，我对天下所有禅师的舌头，都不会再有所怀疑了。"

第二天，德山禅师遂将疏钞取出焚烧，当火焰上升时，他道："穷诸玄辩，若一毫致于太虚，竭世枢机，似一滴投于巨壑。"

·

经典，再究竟的讲说，仍是分别知识；禅门无言，终究是无分别心的证悟。夜晚，是黑暗的，点了烛火又再吹灭，这意谓着外在的光亮熄灭以后，内心的禅光就会亮起来了。这个禅光，看清楚了真我，所谓语言文字、分别意识都是大海一滴了。

穷诸玄辩
若一毫致于太虚
竭世枢机
似一滴投于巨壑

我是侍者

南阳慧忠国师感念侍者为他服务了三十年，想有所报答，助他开悟，一天呼唤道："侍者！"

侍者一听国师叫他，立刻回答他道："国师！做什么？"

国师无可奈何的道："不做什么！"

过了一会，国师又叫道："侍者！"

侍者立刻回答道："国师！做什么？"

国师又无可奈何的道："不做什么！"

如是多次，国师对侍者改口叫道："佛祖！佛祖！"

侍者茫然不解的反问道："国师！您叫谁呀？"

国师不得已，就明白的开示道："我在叫你！"

侍者不明所以道："国师！我是侍者，不是佛祖呀！"

慧忠国师此时只有对侍者慨叹道："你将来可不要怪我辜负你，其实是你辜负我啊！"

侍者仍强辩道："国师！不管如何，我都不会辜负你，你也不会辜负我呀！"

慧忠国师道："事实上，你已经辜负我了。"

慧忠国师与侍者谁负了谁，这不去论他，但侍者只承认自己是侍者，不敢承担佛祖的称谓，这是非常遗憾的事。禅门讲究"直下承担"，所谓心、佛、众生，三无差别，而众生只承认自己是众生，不承认自己是佛祖，沉沦生死，无法回家良可悲也。

无门禅师说："铁枷无孔要人担，累及儿孙不等闲，欲得撑门并拄户，更须赤脚上刀山！"老国师年高心孤，对侍者用按牛头吃草的方法，使其觉悟，无奈侍者只是侍者，不是佛祖耳。

心佛众生三无差别
直下承担可免沉沦

文殊現身

文喜禅师，朝拜五台山，到达前，晚宿一茅屋，内住一老翁，文喜就问老翁道：

“此间道场内容如何？”

老翁回答道：“龙蛇混杂，凡圣交参。”

文喜问：“住众多少？”

老翁答：“前三三、后三三。”

文喜第二天起来，茅屋不见了，而见文殊骑狮子住在空中，自悔有眼不识菩萨，空自错过。

文喜后来参访仰山禅师时开悟，因此就安心住下来担任典座（煮饭）的工作。一天，他从饭锅蒸气上又见文殊现身，便举饭铲打着，并说道：

“文殊自文殊，文喜自文喜，今日惑乱我不得了。”

文殊说偈云：“苦瓜连根苦，甜瓜彻蒂甜，修行三大劫，却被这僧嫌。”

吾人因不明白自己本性，终日心外求法，故患得患失，若能自悟自性，“文殊自文殊，文喜自文喜”，两者有差异，实则无差异，何必自悔自恼呢？

文殊的偈语中，不是怕人嫌他，而是在说明三大阿僧祇劫的修行，今天才真正逢到知音，有人认识他了。

原来，文殊文喜，是自他不二啊！

苦瓜连根苦
甜瓜彻蒂甜
修行三大劫
却被这僧嫌

有我在

云岩昙晟禅师与长沙的道吾圆智禅师，同是药山惟俨禅师的弟子，两人友谊非常亲密。道吾禅师四十六岁时才出家，比云岩大了十一岁。有一天云岩禅师生病，道吾禅师便问道："离却这个壳漏子，向什么处，再得相见？"

云岩禅师毫不迟疑的道："不生不灭处。"

道吾禅师不以为然，提出不同的意见道："何不道非不生不灭处，亦不求相见？"

道吾禅师说后，也不等云岩的回答，就提起斗笠往外走去，云岩禅师便道："请停一下再走，我要请教你，拿这个斗笠做什么？"

道吾禅师答道："有用处。"

云岩禅师追问道："风雨来时，作什么？"

道吾禅师答道："覆盖着。"

云岩："他还受覆盖也无？"

道吾："虽然如此，要且无漏。"

云岩病好时，因渴煎茶，道吾禅师问道："你在作什么呢？"

云岩："煎茶！"

道吾："煎茶给谁吃？"

云岩："有一个人要吃！"

道吾："为什么他自己不煎？"

云岩："还好，有我在。"

云岩和道吾是同门兄弟，两人道风不同，道吾活泼热情，云岩古板冷清，但两人在修道上互勉互励，彼此心中从无芥蒂。他们谈论生死，有道在生灭处相见，有道在无生灭处相见。生灭与不生灭，其实在禅者心中均一如也。道吾拿一斗笠，主要是让本性无漏也，房屋漏水，茶杯有漏，皆非好器，人能证悟无漏（远离烦恼），即为完人。病中的云岩，论生死，非常淡然；论煎茶，"还好，有我在！"如此肯定自我，不随生死，不计有无，此即禅之解脱也！

肯定自我
不随生死
不计有无
即为解脱

自伞自度

有一个信者在屋檐下躲雨，看见一位禅师正撑伞走过，于是就喊道：

“禅师！普度一下众生吧！带我一程如何？”

禅师道：“我在雨里，你在檐下，而檐下无雨，你不需要我度。”

信者立刻走出檐下，站在雨中，说道：

“现在我也在雨中，该度我了吧！”

禅师：“我也在雨中，你也在雨中，我不被雨淋，因为有伞；你被雨淋，因为无伞。所以不是我度你，而是伞度我，你要被度，不必找我，请自找伞！”

说完便走了！

自己有伞，就可以不被雨淋，自己有真如佛性，应该不被魔迷。雨天不带伞，想别人助我，平时不找到真如自性，想别人度我。自家宝藏不用，专想别人的，岂能称心满意？自伞自度，自性自度。凡事求诸己，禅师不肯借伞，这就是禅师的大慈悲了。

迷时师度
悟时自度

心與性

有一学僧至南阳慧忠国师处参学，请示道：

“禅，是心的别名；而‘心’是在佛不增、在凡不减的真如实性。禅宗祖师们将此 ‘心’易名为‘性’，请问禅师，心与性之差别如何？”

慧忠毫不隐藏地回答道：“迷时则有差别，悟时则无差别。”

学僧又再进一步地问道：“经上说：佛性是常，心是无常。为什么你会说无差别呢？”

慧忠国师耐烦地举喻说明道：“你只依语而不依义，譬如寒时结水成冰，暖时融冰成水；迷时结性成心，悟时融心成性。心性本同，依迷悟而有所差别。”

学僧终于契会于心。

在佛教里，心性的别名很多，如“本来面目”、“如来藏”、“法身”、“实相”、“自性”、“真如”、“本体”、“真心”、“般若”、“禅”等。这无非是用种种方法要吾人认识自己。迷悟虽有差，本性则无异。如黄金是一，但可制耳环、戒指、手镯等各种不同之金器，故金器虽异，实一黄金耳。明乎此，心与性名虽不同，实则皆吾人之本体也。

寒时结水成冰
暖时融冰成水
迷时结性为心
悟时融心成性

多少重

翰林学士苏东坡，因与照觉禅师论道，谈及“情与无情，同圆种智”的话后，忽有省悟，因而作“未参禅前”、“参禅时”、“参禅悟道后”三偈，表明心得。未参禅前的境界是：

横看成岭侧成峰，远近高低各不同；

不识庐山真面目，只缘身在此山中。

到了参禅时，其心得是：

庐山烟雨浙江潮，未到千般恨不消；

及至到来无一事，庐山烟雨浙江潮。

及至参禅悟道以后，其心境是：

溪声尽是广长舌，山色无非清净身；

夜来八万四千偈，他日如何举似人？

苏东坡自此禅悟后，对佛法自视更高，闻荊南玉泉寺承皓禅师禅门高峻，机锋难触，心中甚为不服，因此微服求见，想要试一试承皓禅师的禅功如何？才初见面，苏东坡说：

“闻禅师禅悟功高，请问禅悟是什么？”

承皓禅师不答反问道：

“请问尊官贵姓？”

苏东坡道：“姓秤，乃秤天下长老有多重的秤！”

承皓禅师大喝一声，说道：

“请问这一喝有多少重？”

苏东坡无以为对，遂礼拜而退。

苏东坡参禅三个层次，正如青原行思禅师说的参禅三个阶段，他说：“参禅前，看山是山，看水是水；参禅时，看山不是山，看水不是水；参禅后，看山仍是山，看水仍是水。”

禅者经此三关，虽能开悟，但并非修证，悟是解，修属证，故禅者由悟起修，由修而证。如无修证者若遇承皓禅师此等禅宗大匠，对你大喝一声时，即瞠目结舌，哑口无言了。

听闻容易实践难
侮慢师尊总枉然
自大贡高空费力
聪明盖世也徒然

高與遠

龙虎寺禅院中的学僧正在寺前的围墙上，摹拟一幅龙争虎斗的画像。图中龙在云端盘旋将下，虎踞山头，作势欲扑。虽然修改多次，却总认为其中动态不足，适巧无德禅师从外面回来，学僧就请禅师评鉴一下。

无德禅师看后说道："龙和虎的外形画得不坏，但龙与虎的特性你们知道多少？现在应该要明白的是龙在攻击之前，头必须向后退缩；虎要上扑时，头必然向下压低。龙颈向后的屈度愈大，虎头愈贴近地面，它们也就能冲得更快、跳得更高。"

学僧们非常欢喜的受教道："老师真是一语道破，我们不仅将龙头画得太向前，虎头也太高了，怪不得总觉得动态不足。"

无德禅师借机说教道："为人处事，参禅修道的道理也一样，退一步的准备之后，才能冲得更远，谦卑的反省之后才能爬得更高。"

学僧不解似的道："老师！退步的人怎能向前？谦卑的人怎能更高？"

无德禅师严肃的说道："你们且听我的禅诗——

'手把青秧插满田，低头便见水中天；身心清净方为道，退步原来是向前。'

诸仁者能会意么？"

诸学僧至此均能省矣。

禅者的人格，有自尊的一面，他们有时顶天立地，孤傲不群，有如龙抬头，虎相扑；但有时也非常自谦，有如龙退缩，虎低头。这正说明了当进则进，当退则退；当高则高，当低则低。所谓进退有据，高低有时也。龙为兽中之灵，虎为兽中之王，禅者乃人中之贤，以退为进，以谦为尚，不亦宜乎？

手把青秧插满田
低头便见水中天
身心清净方为道
退步原来是向前

夜游

在仙崖禅师住的禅院里，有一位学僧经常利用晚上时间，偷偷地爬过院墙到外面去游乐。仙崖禅师夜里巡寮时，发现墙角有一张高脚的凳子，才知道有人溜到外面去，他不惊动别人，就顺手把凳子移开，自己站在凳子的地方，等候学僧归来。

夜深的时候，游罢归来的学僧，不知凳子已经移走，一跨脚就踩在仙崖禅师的头上，随即跳下地来，才看清是禅师，慌得不知如何是好！

但仙崖禅师毫不介意地安慰道："夜深露重，小心身体，不要着凉，赶快回去多穿一件衣服。"

全寺大众，没有人知道这一件事，仙崖禅师从来也没有提起，但自此以后，全寺一百多个学僧，再也没有人出去夜游了。

最好的教育是爱的教育，以鼓励代替责备，以关怀代替处罚，更容易收到教育的效果！

如仙崖禅师者，把禅门的教育特色，发扬到了极点。禅门的教育，向以慈悲方便为原则，就算棒喝、磨练，也要先看被教育者的根机，才以大慈悲大方便相待。天下的父母老师，应先看看儿女学生是什么根性，施以什么教育，感化、慈爱、身教，乃是最好的禅的教育。

禅门之教育
以慈悲为母
以方便为父
行不言身教

我也可以為你忙

佛光禅师有一次见到克契禅僧，问道：“你自从来此学禅，好像岁月匆匆，已有十二个秋冬，你怎么从不向我问道呢？”

克契禅僧答道：“老禅师每日很忙，学僧实在不敢打扰。”

时光迅速，一过又是三年。一天，佛光禅师在路上又遇到克契禅僧，再问道：“你参禅修道上，有什么问题吗？怎么不来问我呢？”

克契禅僧回答道：“老禅师很忙，学僧不敢随便和您讲话！”

又过了一年，克契学僧经过佛光禅师禅房外面，禅师再对克契禅僧道：“你过来，今天有空，请到我的禅室谈谈禅道。”

克契禅僧赶快合掌作礼道：“老禅师很忙，我怎敢随便浪费您老的时间呢？”

佛光禅师知道克契禅僧过分谦虚，不敢直下承担，再怎样参禅，也是不能开悟。

佛光禅师知道不采取主动不可，所以又一次遇到克契禅僧的时候，问道：“学道坐禅，要不断参究，你为何老是不来问我呢？”

克契禅僧仍然说道：“老禅师，您很忙，学僧不便打扰！”

佛光禅师当下大声喝道：“忙！忙！为谁在忙呢？我也可以为你忙呀！”

佛光禅师一句“我也可以为你忙”的话，打入克契禅僧的心中，禅僧克契立刻言下有所悟入。

有的人太顾念自己，不顾念别人，一点小事，再三的烦人；有的人太顾念别人，不肯为己，最后失去好多机会。禅的本来面目，就是直下承担！当吃饭的时候吃饭，当修道的时候修道，当问的时候要问的重要，当答的时候要答的肯定。不可在似是而非里面转来转去！

我可以帮忙，你为什么不要我帮忙呢？你要我帮忙，我为什么不可为你忙呢？人我，不是要分得那么清楚！

名医化导有来因
疾病伤寒先忌嗔
脉理深微能平性
良方精细度迷津

古镜未磨

有道禅师当初行脚时，路过一间卖茶的茶坊，因为口渴，就顺道进去想喝杯茶小憩一下。店主一看是位云水僧就热忱招呼，并且问道："禅师！辛苦了吧？喝茶吗？"

只见有道禅师用平淡眼光看了一下茶架，点了一下头，其他一句话也不说。

店主似乎也是禅道高手，小心谨慎地说道："想必您是一位禅道高深的禅师！禅师！小的有一个问题想请教您，如果您告诉我，我就供养您！如何？"

有道禅师："你问吧！"

店主问道："古镜未磨时如何？"

有道禅师很快答道："黑如漆。"

店主再问道："古镜既磨了以后如何？"

有道禅师回答道："照天照地。"

店主不以为然，说道："对不起！恕我不供养。"说着转身就入店内去了。

有道禅师愣了一下，心想："我数十年参禅，现在连个店主我都不如，可见其禅道之高了！"于是决意下苦心闭门深修，以求开悟。

三年后，有道禅师又出现在茶坊的门口。店主仍亲切的招呼道："呵！三年不见，仍想请教那句老话，'古镜未磨时如何'？"

有道禅师顺口说道："此去汉阳不远。"

店主再问道："古镜既磨后如何？"

有道禅师再回答道："黄鹤楼前鹦鹉洲。"

店主听后，诚恳地说道："请禅师接受我的供养！"随即转身呼喊道："伙计！泡茶，泡茶，泡好茶！"

古镜有否磨过，有道禅师说未磨黑如漆，已磨照天照地。此古镜喻我们自性，自性本自清净，本不生灭，本自朗照，何能分别未磨已磨。自性者在圣不增，在凡不减，故有道禅师未能认识如古镜之自性，难怪吃不到茶。第二次回答古镜未磨"此去汉阳不远"；古镜已磨，"黄鹤楼前鹦鹉洲"，即能认识自性当下即是，故有好茶吃也。

多年古镜要磨功
垢尽尘消始得融
静念投于乱念里
乱心全消静心中

岂曾混淆

有一位云水僧在参访时，路过一位老太太所管理的庵前休息，他问老妇人道："师姑！这座庵堂除你之外，还有其他的眷属吗？"

老婆婆："有！"

云水僧："怎么没有看到呢？"

老婆婆："喏！山河大地若草若木都是我的眷属呀！"

云水僧："无情不是有情，那些山河草木何曾是师姑的样子？"

老婆婆："那你看我是甚么样子？"

云水僧："俗人！"

老婆婆："你也不是出家人！"

云水僧："师姑！你可不能混淆佛法。"

老婆婆："我并没有混淆佛法呀！"

云水僧："俗人主持庵堂，草木皆成道友，你这样不是在混淆佛法是什么？"

老婆婆："法师！你不可那么说，要知道你是男人，我是女人，何曾混淆？"

宇宙万有本是一体的，心、佛、众生是无差别的，吾人却硬是要将此一体的、无差别的，分割开来并以分别心看待之，故世间上是非善恶，情与无情，甚至男女异类，世出世间诸法，就对待不已了，若以一真法界而言，如老婆婆者何曾混淆？

舍内分明有个人
无端答应内无人
叩门借宿非他也
你我原来都是人

大顛與韓愈

唐宪宗非常崇信佛法，迎接佛舍利入宫殿供养。有一天，殿中夜放光明，早朝时群臣都向皇帝祝贺，只有韩愈不贺，并陈“谏迎佛骨表”，斥佛为夷狄，触怒了对佛教虔诚信仰的皇帝，于是被贬到潮州当刺史。

当时潮州地处南荒，文化未开，大颠禅师道行超迈，深为大众所推崇。韩愈耳闻此地有一高僧，有一天，抱着问难的心情去拜访大颠禅师。此时，正当禅师入定禅坐，不好上前问话，因此，苦等了很久，侍者看出韩愈的不耐烦，于是上前用引磬在禅师的耳边敲了三下，轻声对禅师道：“先以定动，后以智拔。”

侍者的意思是说你禅师的禅定已打动了韩愈傲慢的心，现在你应该用智慧来拔除他的执著了。韩愈在旁边听了侍者的话后，立刻行礼告退，他说：

“幸于侍者口边得个消息！”

这一次韩愈不请开示了。时隔不久，韩愈仍觉得心中疑团不解，再度拜访大颠禅师问道：“请问和尚春秋多少？”

禅师手拈着念珠回答说：“会么？”

韩愈不解其意说：“不会！”

“昼夜一百八。”

韩愈仍然不明白其中含意，第二天再来请教，当他走到门口时，看到一位小沙弥，就向前问道：“和尚春秋有多少？”小沙弥闭语不答，却扣齿三下，韩愈如坠五里雾中，又进入谒见大颠禅师，请求开示，禅师也同样扣齿三下，韩愈方才若有所悟地说：“原来佛法无两般，都是一样的。”

这则公案是什么意思？韩愈问春秋有多少，是立足于常识经验，对时间想做一番的计算。事实上，时间轮转不停，无始无终，哪里可以谈多少呢？在无限的时间、空间中，生命不断的轮回，扣齿三下，表示在无尽的生命中，我们不应只逞口舌之能，除了语言、文字外，我们应该实际去体证佛法，认识自己无限的生命，见到自己本来的面目，寻找三千大千世界中的永恒存在。

坐禅成佛心中病
磨砖作镜眼中眼
一破牢关金锁断
等闲信步便归家

除却心頭火

有一个久战沙场的将军，已厌倦战争，专程到大慧宗杲禅师处要求出家。他向宗杲道：

“禅师！我现在已看破红尘，请禅师慈悲收留我出家，让我做您的弟子吧！”

宗杲：“你有家庭，有太重的社会习气，你还不能出家，慢慢再说吧！”

将军：“禅师！我现在什么都放得下，妻子、儿女、家庭都不是问题，请您即刻为我剃度吧！”

宗杲：“慢慢再说吧！”

将军无法，有一天，起了一个大早，就到寺里礼佛，大慧宗杲禅师一见到他便说：

“将军为什么那么早就来拜佛呢？”

将军学习用禅语诗偈说道：

“为除心头火，起早礼师尊。”

禅师开玩笑的也用偈语回道：

“起得那么早，不怕妻偷人？”

将军一听，非常生气，骂道：

“你这老怪物，讲话太伤人！”

大慧宗杲禅师哈哈一笑道：

“轻轻一拨扇，性火又燃烧，如此暴躁气，怎算放得下？”

放下！放下！不是口说放下就能放下，“说时似悟，对境生迷”，习气也不是说改就能改的。“江山易改，习性难除”，奉劝希望学道入僧者，莫因一时之冲动，遗笑他人也。

若能转物即如来
春至山花处处开
自有一双慈悲手
摸得人心一样平

千古楷模

唐朝百丈怀海禅师，继承开创丛林的马祖道一禅师以后，立下一套极有系统的丛林规矩——百丈清规，所谓“马祖创丛林，百丈立清规”，即是此意。百丈禅师倡导“一日不作，一日不食”的农禅生活。曾经也遇到许多的困难，因为佛教一向以戒为规范的生活，而百丈禅师改进制度，以农禅为生活了，甚至有人批评他为外道。因他所住持的丛林在百丈山的绝顶，故又号百丈禅师。他每日除了领众修行外，必亲执劳役，勤苦工作，对生活中的自食其力，极其认真，对于平常的琐碎事务，尤不肯假手他人。

渐渐地，百丈禅师年纪老了，但他每日仍随众上山担柴、下田种地，因为农禅生活，就是自耕自食的生活。弟子们毕竟不忍心让年迈的师父做这种粗重的工作，因此，大众恳请他不要随众出坡（劳动服务），但百丈禅师仍以坚决的口吻说道：

“我无德劳人，人生在世，若不亲自劳动，岂不成废人？”

弟子们阻止不了禅师服务的决心，只好将禅师所用的扁担、锄头等工具藏起来，不让他做工。

百丈禅师无奈，只好用不吃饭的绝食行为抗议，弟子们焦急的问道：“为何不饮不食？”

百丈禅师道：“既然没有工作，哪能吃饭？”

弟子们没办法，只好将工具又还给他，让他随众生活。百丈禅师这种“一日不作，一日不食”的精神，也就成为丛林千古的楷模！

有人以为参禅，不但要摒绝尘缘，甚至工作也不必去做，认为只要打坐就可以了。其实不做工作，离开生活，哪里还有禅呢？百丈禅师为了拯救禅者的时病，不但服膺“一日不作，一日不食”的生活，甚至还喊出“搬柴运水无非是禅”的口号。

不管念佛也好，参禅也好，修行不是懒惰的借口，希望现代的禅者听一听百丈禅师的声音！

学道容易悟道难
不下功夫总是闲
能信不行空费力
空谈论说也徒然

百年一夢

金山昙颖禅师，浙江人，俗姓丘，号达观，十三岁皈投到龙兴寺出家，十八岁时游京师，住在李端愿太尉花园里。有一天，太尉问他道："请问禅师，人们常说的地狱，毕竟是有呢？抑是无呢？"

昙颖禅师回答道："诸佛如来说法，向无中说有，如眼见空华，是有还无；太尉现在向有中觅无，手揞河水，是无中现有，实在堪笑。如人眼前见牢狱，为何不心内见天堂？忻怖在心，天堂地狱都在一念之间，善恶皆能成境，太尉但了自心，自然无惑。"

太尉："心如何了？"

昙颖："善恶都莫思量。"

太尉："不思量后，心归何所？"

昙颖："心归无所，如金刚经云：应无所住，而生其心。"

太尉："人若死时，归于何处？"

昙颖："未知生，焉知死？"

太尉："生则我早已知晓。"

昙颖："请道一句，生从何来？"

太尉正沉思时，昙颖禅师用手直捣其胸曰："只在这里思量个什么？"

太尉："会也，只知贪程，不觉蹉跎。"

昙颖："百年一梦。"

太尉李端愿当下有悟，而说偈曰：

"三十八岁，懵然无知。及其有知，何异无知？
滔滔汴水，隐隐隋堤。师其归矣，箭浪东驰。"

生从何来？死往何去？这是一般人经常想到的问题，甚至是不少人都在探究的问题，但都没有人揭破这个谜底。释迦牟尼佛和历代禅师们道出了原委，又不易为人了解。生命有隔阴之迷，意即换了身体就不知过去一切，故千古以来，生命之源，一直众说纷纭，莫衷一是。其实生命的形相虽千差万别，而生命的理性则一切平等，佛教的缘起性空、三法印、业识、因果等的义理能通达明白，则生从何来？死去何处？即不问可知了。

三十八岁 懵然无知
及其有知 何异无知
滔滔汴水 隐隐隋堤
师其归矣 箭浪东驰

虚空眨眼

在一次法会上，唐肃宗向南阳慧宗国师请示了很多问题，但禅师却不看他一眼。肃宗很生气的说："我是大唐天子，你居然不看我一眼？"

慧忠国师不正面回答，反而问唐肃宗道："君王可曾看到虚空？"

"看到！"

"那么请问虚空可曾对你眨过眼？"

肃宗无话可对。

吾人生活中，所最注意关心的皆人情上事，谁对我好，谁对我坏，每日患得患失，不是计较金钱，就是计较感情，钱关情关之外，还有恭敬关，终日要人赞美，要人行礼，要人看我一眼，比之虚空，虚空不要吾人眨眼，吾人又何必要虚空眨眼？法身真理，犹若虚空，竖穷三际，横遍十方，弥纶八极，包括两仪，随缘赴感，靡不周遍。肃宗不解，难怪南阳国师要问虚空可曾对你眨眼？

佛身充满于法界
普现一切众生前
随缘赴感靡不周
而常处此菩提座

生活的層面

天刚破晓，朱友峰居士兴冲冲地抱着一束鲜花及供果，赶到大佛寺想参加寺院的早课，谁知才一踏进大殿，左侧突然跑出一个人，正好与朱友峰撞个满怀，将捧着的水果撞翻在地，朱友峰看到满地的水果，忍不住叫道："你看！你这么粗气，把我供佛的水果全都撞翻了，你怎么给我一个交待？"

这个名叫李南山的人，非常不满的说道："撞翻已经撞翻，顶多说一声对不起就够了，你干嘛那么凶？"

朱友峰非常生气道："你这是什么态度？自己错了还要怪人！"

接着，彼此咒骂、互相指责的声音就此起彼落。

广圄禅师此时正好从此经过，就将两人带到一旁，问明原委，开示道："莽撞的行走是不应该的，但是不肯接受别人的道歉也是不对的，这都是愚蠢不堪的行为。能坦诚地承认自己过失及接受别人的道歉，才是智者的举止。"广圄禅师接着又说道："我们人生活在这个世界上，必须协调的生活层面太多了，如：在社会上，如何与亲族、朋友取得协调；在教养上，如何与师长们取得沟通；在经济上，如何量入为出；在家庭上，如何培养夫妻、亲子的感情；在健康上，如何使身体健全；在精神上，如何选择自己的生活方式，能够如此才不会辜负我们可贵的生命。想想看，为了一点小事，一大早就破坏了一片虔诚的心境，值得吗？"

李南山先说道："禅师！我错了，实在太冒失了！"说着便转身向朱友峰道："请接受我至诚的道歉！我实在太愚痴了！"

朱友峰也由衷地说道："我也有不对的地方，不该为点小事就发脾气，实在太幼稚了！"

广圄禅师的一席话，终于感动了这两位争强好斗之人。禅，有高调，也有低调。

休得争强来斗胜
百年浑是戏文场
倾刻一声锣鼓歇
不知何处是家乡

了無功德

梁武帝是中国历史上护持佛教的君王中的楷模，他在位的时候，曾经广建寺庙及佛像，修造桥梁道路，福利百姓，当时菩提达摩禅师，从天竺来中国弘法，梁武帝礼请禅师，并且问法说：

“我这样不断地行善，会有什么功德？”

“了无功德。”达摩禅师泼了一盆冷水说。

梁武帝听了非常不高兴，再问他为什么？禅师不答，终于因为不相应，遂拂袖而去。

事实上，梁武帝的善行，岂是毫无功德？禅师所说的了无功德，是说明在禅师的内心，并不存在一般事相上“有无”对立的观念，我们唯有通过了“有无”对待的妄执，才能透视到诸法“是无是有，非无非有，是可有是可无，是本有是本无”的实相，这种超越向上，是禅家必经的途径，这种境界才是禅家的本来面目。

是无是有
非无非有
是可有是可无
是本有是本无
乃禅家本来面目也

國師與皇帝

清朝顺治皇帝有一天特召迎玉琳国师入宫，请示佛法。顺治问道："《楞严经》中，有所谓七处征心，问心在哪里？现在请问心在七处，不在七处？"

玉琳国师回答道："觅心了不可得。"

顺治皇帝："悟道的人，还有喜怒哀乐否？"

玉琳国师："什么叫做喜怒哀乐？"

顺治皇帝："山河大地从妄念生，妄念若息，山河大地还有也无？"

玉琳国师："如人梦中醒，梦中之事，是有是无？"

顺治皇帝："如何用功？"

玉琳国师："端拱无为。"

顺治皇帝："如何是大？"

玉琳国师："光被四表，格于上下。"

顺治皇帝："本来面目如何参？"

玉琳国师："如六祖所言：不思善，不思恶，正恁么时，如何是本来面目？"

后来顺治皇帝逢人便道："与玉琳国师一席话，真是相见恨晚。"

顺治皇帝是一个佛法素养很高的皇帝，从他的赞僧诗中说的"未曾生我谁是我？生我之时我是谁？长大成人方是我，合眼蒙眬又是谁？不如不来又不去，来时欢喜去时悲。悲欢离合多劳虑，何日清闲谁得知？……"就可以知道他的思想非常契合佛法。

顺治皇帝是一国君主，他却羡慕出家为僧的生活，他说："黄金白玉非为贵，唯有袈裟披肩难；百年三万六千日，不及僧家半日闲。……黄袍换得紫袈裟，只为当年一念差；我本西方一衲子，为何生在帝王家？"他对玉琳国师的恭敬，可想而知。

玉琳国师是一位美风仪的高僧，平时喜静，不爱说话，即连皇帝问佛法，他也简明扼要，不愿多言，使人感到禅门一言，不易求也。

不思善
不思恶
正恁么时
如何是本来面目

本空非有

有一天，佛印禅师登坛说法，苏东坡闻说赶来参加，座中已经坐满人众，没有空位了。禅师看到苏东坡时说："人都坐满了，此间已无学士坐处。"

苏东坡一向好禅，马上机锋相对回答禅师说："既然此间无坐处，我就以禅师四大五蕴之身为座。"

禅师看到苏东坡与他论禅，于是说："学士！我有一个问题问你，如果你回答得出来，那么我老和尚的身体就当你的座位，如果你回答不出来，那么你身上的玉带就要留给本寺，做为纪念。"苏东坡一向自命不凡，以为准胜无疑，便答应了。佛印禅师就说："四大本空，五蕴非有，请问学士要坐哪里呢？"

苏东坡为之语塞。

因为我们的色身是由地水火风四大假合，没有一样实在，不能安坐于此，苏东坡的玉带因此输给佛印禅师，至今仍留存于金山寺。

百千灯作一灯光
尽是恒沙妙法王
是故东坡不敢惜
借君四大作禅床

石霜夺取裴休笏
三百年来众口夸
争似苏公留玉带
长和明月共无暇

虱子是什麼做的？

有一天苏东坡和秦少游在一起吃饭，两个人因为才华都很高，往往为了谈学论道，互不相让。这天吃饭的时候，刚好看到一个人走过，由于许多天没有洗澡，身上爬满了虱子，苏东坡就说：“那个人真脏，身上的污垢都生出虱子来了！”秦少游坚持异议说：“才不是呢？虱子是从棉絮中长出来的！”两人各持己见，争执不下，便决定去请佛印禅师做个公道，评论虱子是怎么生成的，并且互相争议输的人要请一桌酒席。

苏东坡求胜心切，私下便跑到佛印禅师那里，请他务必要帮自己的忙。过后，秦少游也去请禅师帮忙，佛印禅师都答应了他们。两人都以为稳操胜算，放心的等待评判的结果，禅师评断说：“虱子的头部是从污垢中生出来的，而虱子的脚部却是从棉絮中长出来的。”

禅师做了一次美妙的和事佬，有诗云：

一树春风有两般，南枝向暖北枝寒；

现前一段西来意，一片西飞一片东。

这首诗告诉我们什么呢？就是“物我的合一”。物我是一体的，外相的山河大地就是内在的山河大地，大千世界就是心内的世界，物与我之间已没有分别，而将它完全调合起来，好比一棵树上，虽然接受同样的空气、阳光、水分，但树叶却有不同的生机，而能彼此无碍的共存于同一株树上。

一树春风有两般
南枝向暖北枝寒
现前一段西来意
一片西飞一片东

搶不走

一日临济禅师，跟随老师黄檗禅师一同下田工作，临济禅师走在黄檗禅师的后面，黄檗禅师回头一看，发现临济禅师空着手，因此就对他说道：

“你怎么把锄头忘记带来呢？”

临济禅师回答道：“不知给谁拿走？”

黄檗禅师停下脚步道：“你走过来，我有事跟你商量。”

临济禅师向前，黄檗禅师就竖起锄头道：“单单是‘这个’，世界之上就没有一个人能拿得动。”

临济禅师一听这话，就毫不客气的立刻从黄檗禅师手中把锄头抢过来，紧紧的握在手中，说道：“刚才老师说谁也拿不动‘这个’，现在为什么‘这个’在我的手中呢？”

黄檗禅师道：“手中有的未必有，手中无的未必无，你说，今天有谁给我们耕田呢？”

临济禅师道：“耕田的由他耕田，收成的由他收成，关我们何事？”

临济禅师这么说了以后，黄檗禅师一句话也没说，转身就回到僧院。

不久，沩山禅师就这件事问仰山禅师道：“锄头在黄檗禅师手中，为什么却被临济夺去？”

仰山禅师答道：“强取豪夺虽然是小人，可是他的智慧却在君子以上。”

沩山禅师再问仰山道：“耕种和收成，临济为什么要说不关己事呢？”

仰山禅师不答，反问道：“难道就不能超脱对待关系之外吗？”

沩山禅师一句不说，转身也回到僧院。

黄檗禅师的转身，沩山禅师的转身，转身的世界，就是肯定一切的世界。世人有理话多，无理更是话多，若能在真理之前并回头转身，那不是另有一番世界吗？

山前一片闲田地
叉手叮咛问祖翁
几度卖来还自买
为怜松竹引清风

待客之道

赵州城的赵王特地去拜访赵州从谂禅师，这时赵州从谂禅师正在床上休息，他躺着对来访者说道：

“大王！我现在已老迈；虽然你专程来看我，但我实在无力下床接待你，请别见怪。”

赵王非但不见怪，反而对赵州更加尊重。第二天赵王派遣一位将军送礼品给他，赵州一听却马上下床到门外相迎。事后弟子们不解，就问赵州禅师道：

“前天赵王来时，你不下床；这次赵王的部下来时，你为什么反而下床到门外相迎呢？”

赵州禅师解释道：“你们有所不知，我的待客之道有上中下三等分别，第一的上等人来时，我在床上用本来面目接待他；第二等的中等人来时，我下床到客堂里用礼貌接待他：第三等人来时，我用世俗的应酬到前门去迎接他。”

有人用“茶、泡茶、泡好茶；坐、请坐、请上坐”的话嘲讽寺院知客的势利，其实并非势利，实则此乃正常人情之礼。世间法中，本来就是在平等法中示有差别。若赵州禅师的待客之道，从禅心中示观不同于世俗的知见，就是高人一等了。吾人做人处世，俗谛乎？真谛乎？真俗双融乎？望有心者一参！

昔日赵州少谦光
不出山门迎赵王
本来面目见上客
大千世界一禅床

公雞與蟲兒

有个儿童，才七岁，但常常找无德禅师，和他东南西北乱说一通，但无德禅师却认为这个童子机智不凡，出言吐语，常有一些禅味。有一天，无德禅师对他道："老僧每天很忙，没有时间经常跟你在这里辩论胡扯。现在和你再辩一次，假如你输，你就要买饼供养我；假如我输，我就买饼和你结缘。"

童子听后说道："那就请师父先拿出钱来！"

无德禅师道："最要紧是辩败才要钱，辩胜并不成问题。首先假定我老僧是一只公鸡。"

童子道："我是小虫儿。"

无德禅师抓住机会说："是的，你是小虫儿，你应该买饼给我这只大公鸡吃了！"

童子不认输，争论道："不可以，师父！你要买饼给我才行，你是大公鸡，我是小虫儿，我见到你我可以飞走，因为师徒之间不可以争论的！那你不是输了吗？"

无德禅师抓住童子的手，引来许多民众，无德禅师说："这个问题跟战争和政治相同，假如一般衙门不能判断，就必须请村民来裁决，这里有三百村民，其中不能说谁都没有拥护者。大家呀！请你们为老僧和童子判断一下吧，我们宾主之间谁有理？"

大众不能判断，于是无德禅师认真而庄严地说道："必须是睁眼睛的禅师才能判断 。"

过了三天，全寺的人才注意到，无德禅师悄悄的买饼送给那七岁的童子。

公鸡与虫儿，这一对老少禅者，他们之间，一定有许多幽默的趣事。

禅的里面，没有大小、长短、是非、好坏，当然禅的里面也没有输赢。无德禅师开始就想赢那位七岁童子，但七岁童子自愿做一个弱者小虫儿，大公鸡伸嘴一啄，虫儿就是最可口的食物，但小虫儿可以飞走，象征着师徒不可以争论，禅是不争论的世界，但禅也是一个规律有序的世界。

浑身似口挂虚空
不问东西南北风
一等为他谈般若
滴丁冬冬滴丁冬

不要拂拭

有一位青年脾气非常暴躁、易怒，并且喜欢与人打架，所以很多人都不喜欢他。有一天无意中游荡到大德寺，碰巧听到一休禅师正在说法，听完后发愿痛改前非，就对禅师说："师父，我以后再也不跟人家打架口角，免得人见人厌，就算是受人唾面，也只有忍耐的拭去，默默的承受！"

一休禅师说："嗳！何必呢，就让唾涎自干吧，不要拂拭！"

"那怎么可能？为什么要这样忍受？"

"这没有什么能不能忍受的，你就把它当作是蚊虫之类停在脸上，不值与它打架或者骂它，虽受吐沫，但并不是什么侮辱，微笑的接受吧！"一休说。

"如果对方不是吐沫，而是用拳头打过来时，那怎么办？"

"一样呀！不要太在意！这只不过一拳而已。"

青年听了，认为一休说的，太岂有此理，终于忍耐不住，忽然举起拳头，向一休禅师的头上打去，并问："和尚，现在怎么样？"禅师非常关切的说："我的头硬得像石头，没什么感觉，倒是你的手大概打痛了吧！"

青年哑然，无话可说。

世间上无论什么事，说很容易，做很困难，说不发脾气，但境界一来，自我就不能把持。禅者曰："说时似悟，对境生迷。"就是这种写照。

说时似悟
对境生迷
心境自转
方为正道

乞丐與禅

挑水云水僧，是一位有名的禅师，曾在好几个丛林禅院住过，可以说饱参饱学，并在各地教过禅人。

他所住持的这一个禅院，因此吸引了太多的僧信学徒，但这些学生往往不能忍苦耐劳，半途而废，使他不得不对他们表示，他将辞去教席，并劝他们解散，各奔前程。此后，谁也没有发现挑水禅师的行踪。

三年后，他的一位门人发现他在京都的一座桥下，与一些乞丐生活在一起，这位门人立即恳求挑水禅师给他开示。

挑水禅师不客气地告诉他："你没有资格接受我的指导。"

门徒问道："要怎样我才能有资格呢？"

挑水禅师道："如果你能像我一样在桥下过上三、五天的时间，我也许可以教你。"

于是，这名门人弟子扮成乞丐模样，与挑水禅师共度了一天乞丐的生活。第二天，乞丐群中死了一人，挑水禅师于午夜时分伙同这位学生将尸体搬至山边埋了，事完之后，仍然回到桥下他们的寄身之处。

挑水倒身便睡，一直睡到天亮，但他这位学生却始终未能入眠。天明之后，挑水禅师对门人说道："今天不必出去乞食了，我们那位死了的同伙还剩一些食物在那儿。"然而这位门人看到那肮脏的碗盘，却是一口也吞咽不下去。

挑水禅师不客气地说道："我曾说你无法跟我学习，这里的天堂，你无法享受，你还是回到你的人间吧！请不要把我的住处告诉别人，因为天堂净土的人，不希望有别人的打扰！"

门人哭着跪下来，诉说道："老师！你珍重吧！弟子确实没有资格跟你学习，因为你的天堂，弟子无法领会！"

一个真正禅者的眼中，天堂净土在哪里？卑贱工作里有天堂净土，爱人利物里有天堂净土，化他转境里有天堂净土，原来天堂净土是在禅者的心中，不在心外。

心如大海无边际
广植净莲养身心
自有一双无事手
为作世间慈悲人

本來面目

香严智闲禅师是百丈禅师的弟子，饱学经纶，后来参学师兄灵祐禅师。一天，灵祐对他说："听说你一向博学多闻，现在我问你——父母未生我之前的本来面目是什么？"

智闲禅师一时语塞，回到住处，翻遍了书本，也找不到答案，再回来对禅师说："和尚慈悲，请您开示我，什么是父母未生前的本来面目？"

沩山灵祐禅师斩钉截铁地说："我不能告诉你，因为我告诉你答案的话，那仍然是我的东西，和你不相干，我告诉了你，你将来会后悔，甚至会埋怨我的。"

智闲禅师一看师兄不指示他，伤心地把所有经典烧毁，从此就到南阳自崖山去看守慧忠国师的坟墓，昼夜六时如哑巴吞含火珠地思考这个疑团。有一天，在田园锄草，忽然锄头碰到石头，"咯答"一声，顿然身心脱落，而大彻大悟，于是沐浴焚香，对着沩山遥拜着说："和尚您实在太慈悲了，假如当初您告诉了我，我就没有今日的喜悦了！"

禅的悟不是别人给我们的，是要我们去心领神会的。

人人自己天真佛
昼夜六时常放光
剔起眉毛观自得
何劳特地礼西方

茶饭禅

唐朝龙潭崇信禅师，跟随天皇道悟禅师出家。数年之中，打柴炊爨，挑水作羹，不曾得到道悟禅师一句半语的法要。一天乃向师父说："师父！弟子自从跟您出家以来，已经多年了。可是一次也不曾得到您的开示，请师父慈悲，传授弟子修道的法要吧！"

道悟禅师听后立刻回答道："你刚才讲的话，好冤枉师父啊！你想想看，自从你跟随我出家以来，我未尝一日不传授你修道的心要。"

"弟子愚笨，不知您传授给我什么？"崇信讶异的问。

"你端茶给我，我为你喝；你捧饭给我，我为你吃；你向我合掌，我就向你点头。我何尝一日懈怠，不都在指示心要给你吗！"崇信禅师听了，当下顿然开悟。

从这一则师徒问答之中，可以了解禅就是生活。日常生活的搬柴运水，喝茶吃饭，无不蕴藏无限的禅机。

粥罢教令洗钵盂
豁然心地自相符
而今饱餐丛林客
且道其间有悟无

多捡一些

鼎州禅师与沙弥在庭院里经行，突然刮起一阵风，从树上落下了好多树叶，禅师就弯着腰，将树叶一片片的捡起来，放在口袋里，在旁的沙弥就说道：

“禅师！不要捡了，反正明天一大早，我们都会打扫的。”

鼎州禅师不以为然的道：“话不能这样讲，打扫，难道就一定会干净吗？我多捡一片，就会使地上多一分干净啊！”

沙弥又再说道：“禅师，落叶那么多，您前面捡，它后面又落下来，您怎么捡得完呢？”

鼎州禅师边捡边说道：“落叶不光是在地面上，落叶在我们心地上，我捡我心地上的落叶，终有捡完的时候。”

沙弥听后，终于懂得禅者的生活是什么。

当佛陀住世的时候，有一位弟子叫“周利槃陀伽”，非常愚笨，教他一首偈颂，会念前句忘后句，念后句忘前句，不得已，佛陀问他会什么，他说会扫地，佛陀就叫他扫地的时候念“拂尘扫垢”，他念久后，心想，外面的尘垢脏时，要用扫把去扫，心内污秽时要怎样清扫呢？

这样，周利槃陀伽就聪明开智慧了。

鼎州禅师的捡落叶，不如说是捡心里的妄想烦恼，大地山河有多少落叶不去管它，心里的落叶捡一片少一片。禅者，只要当下安心，就立刻拥有了大千世界的一切。儒家主张凡事求诸己，禅者要求随其心净则国土净，故人人应随时随地除去自己心上的落叶。

佛国好景绝尘埃
烟雾重重却又开
若见人我关系处
一花一叶一如来

一坐四十年

佛窟惟则禅师，宋朝长安人，少年出家后，在浙江天台山翠屏岩的佛窟庵修行。

他用落叶铺盖屋顶，结成草庵，以清水滋润咽喉，每天只在中午采摘山中野果以充饥腹。

一天，一个樵夫路过庵边，见到一个修道老僧，好奇的向前问道："你在此住多久了？"

佛窟禅师回答道："大概已易四十寒暑。"

樵者好奇的再问道："你一个人在此修行吗？"

佛窟禅师点头道："丛林深山，一个人在此都已嫌多，还要多人何为？"

樵夫再问道："你没有朋友吗？"

佛窟禅师以拍掌作声，好多虎豹由庵后而出，樵夫大惊，佛窟禅师速说莫怕，示意虎豹仍退庵后，禅师道："朋友很多，大地山河，树木花草，虫蛇野兽，都是法侣。"

樵夫非常感动，自愿皈依作为弟子。佛窟对樵者扼要的指示佛法的心要道："汝今虽是凡夫，但非凡夫；虽非凡夫，但不坏凡夫法。"

樵者于言下契入，从此慕道者纷纷而来，翠屏岩上白云飘空，草木迎人，虎往鹿行，鸟飞虫鸣，成为佛窟学的禅派。

一坐四十年，用普通的常识看，四十年是漫长的岁月，但证悟无限时间，进入永恒生命的圣者，已融入大化之中的惟则禅师，这只不过一瞬之间而已。在禅者的心中，一瞬间和四十年，并没有什么差距。

禅者的悟道中，他所悟的是没有时空的差距，没有人我的分别，没有动静的不同，没有生佛的观念（众生与佛）。

"虽是凡夫，但非凡夫之流"，因为人人有佛性，真理之中绝生佛之假名，哪有是凡夫非凡夫的分别？"虽非凡夫，但不坏凡夫法"，禅者悟道，不破坏另有建立，不坏万法，而已超越万法了。

汝今虽是凡夫
但非凡夫
虽非凡夫
但不坏凡夫法

一首詩

双溪布衲禅师和契嵩禅师友善，而且彼此已到了真正以禅接心的阶段，一日契嵩禅师戏以诗追悼还活得好好的布衲禅师曰：

继祖当吾代，生缘行可规；

终身常在道，识病懒寻医。

貌古笔难写，情高世莫知，

慈云布何处，孤月自相宜。

布衲禅师读罢契嵩禅师的追悼诗后，非常欢喜的举笔答曰：

道契平生更有谁，闲卿于我最心知；

当初未欲成相别，恐误同参一首诗。

布衲禅师写罢，即投笔坐亡。

布衲禅师本来没有入灭的意图，但为了顾念道友诗篇的信誉，所以就入灭了。禅师们的友谊，生死以之，实在非常难得。

古人有一死以酬知己，但那都是为了报恩，或其他事故，而布衲禅师只是为了道友的游戏笔墨，就以死来维护道友的意见。契嵩禅师诗中的意思，就是直下承当布衲禅师的传法，也可以说是一句玩笑话，也可以说这一首诗，或真有见地，布衲禅师为了认可，就毫不犹豫的入灭，不了解的人还以为布衲禅师是被契嵩禅师逼死的，其实禅师对生死的看法，早就勘破，只要传承得人撒手就走，可说洒脱自在，还有什么比这更美的呢？

道契平生更有谁
闲卿于我最心知
当初未欲成相别
恐误同参一首诗

快樂與痛苦

昙照禅师每日与信徒开示，都离不开：

“快乐呀！快乐呀！人生好快乐呀！”

可是有一次他害病了，在生病中不时叫说：

“痛苦呀！痛苦呀！好痛苦呀！”

住持大和尚听到了，就来责备他：

“喂！一个出家人有病，老是喊苦呀，苦呀，不好看呀！”

昙照：“健康快乐，生病痛苦，这是当然的事，为什么不能叫苦呢？”

住持：“记得当初你有一次，掉进水里，快要淹死时，你且面不改色，那种无畏的样子，视死如归，你那豪情如今何在？你平时都讲快乐，快乐，为什么到病的时候，要讲痛苦，痛苦呢？”

昙照禅师对住持和尚道：

“你来，你来，你到我床前来！”

住持到了他床边，昙照禅师轻轻地问道：

“住持大和尚，你刚才说我以前讲快乐呀，快乐呀！现在都是说痛苦呀，痛苦呀！请你告诉我，究竟是讲快乐对呢？还是讲痛苦对呢？”

人生有苦乐的两面，太苦了，当然要提起内心的快乐；太乐了，也应该明白人生苦的真相。热烘烘的快乐，会乐极生悲；冷冰冰的痛苦，会苦的无味；人生最好过不苦不乐的中道生活。

苦时提起快乐
乐时明白苦相
人生苦乐相渗
应过中道生活

自了漢

黄檗禅师自幼便出家为僧，有一次他游天台山时，碰到一个举止奇怪的同参，两人谈笑，一如故人。当他们走到一条小溪前面时，正好溪水暴涨，那个同参叫黄檗一起渡河，黄檗便说道：

“老兄，溪水这么深，能渡过去吗？”

那个同参便提高裤脚过河，好像在平地上行走一样自然，他边走边回过头来说：“来呀！来呀！”

黄檗便叫道：

“嘿！你这小乘自了汉，如果我早知你如此（早知你是有神通的小乘人），便把你的脚跟砍断。”

那同参被他骂声所感动，叹道：

“你真是位大乘的法器，实在说，我不如你啊！”

说着，便消失了。

佛教分大乘小乘，小乘重自度，大乘重度他，小乘圣者，纵然得道，也不及初发心的大乘行者。“拔一毛而利天下吾不为也”的作风，永远不能成佛。“自己未度，先能度人，才是菩萨发心。”黄檗斥责自了汉，难怪小乘圣者感动，并赞叹为大乘法器了。

自从大士传心印
额有圆珠七尺身
挂锡十年栖蜀水
浮杯今日渡漳滨

隐居地方

无德禅师一向在行脚，一天来到佛光禅师处，佛光禅师对他说："你是一位很有名的禅者，可惜为什么不找一个地方隐居呢？"

无德禅师无可奈何地答："究竟哪里才是我的隐居之处呢？"

佛光禅师道："你虽然是一位很好的长老禅师，可是却连隐居之处都不知道。"

无德禅师说："我骑了三十年马，不料今天竟被驴子摔下来。"

无德禅师在佛光禅师处住下来。一天，有一学僧问道："离开佛教义学，请禅师帮我抉择一下。"

无德禅师告诉他道："如果是那样的人就可以了。"

学僧刚要礼拜，无德禅师说："你问得很好，你问得很好！"

学僧道："我本想请教禅师，可是……"

无德禅师道："我今天不回答。"

学僧问："干净得一尘不染时又如何呢？"

无德禅师答道："我这个地方不留那种客人。"

学僧问："什么是您禅师的家风？"

无德禅师说："我不告诉你。"

学僧不满地责问说："您为什么不告诉我呢？"

无德禅师也就不客气地答道："这就是我的家风。"

学僧更是认真地责问道："您的家风就是没有一句话吗？"

无德禅师说："打坐！"

学僧更顶撞道："街上的乞丐不都在坐着吗？"

无德禅师拿出一个铜钱给学僧。

学僧终于省悟。

无德禅师再见佛光禅师报告说道："当行脚的时候行脚，当隐居的时候隐居，我现在已找到隐居的地方！"

自古以来的禅僧，有的行脚云水，有的陆沉隐居，有的躲藏盛名之累，入山惟恐不深，有的接待十方，等待有缘的传灯之人。究竟怎么做才是禅僧真正的生活行止呢？正如无德禅师说："当行脚的时候行脚，当隐藏的时候隐藏。"

骑驴过桥
驴失前蹄
因以顿悟
忽明真谛

慧可安心

神光慧可禅师翻山越岭来到嵩山少林寺，拜谒达摩祖师，要求开示，并请为入室弟子。达摩面壁静坐，不理不睬，神光于是在门外伫候，时值风雪漫天，过了很久，雪深及膝。达摩看他确实求法虔诚，才开口问他："你久立雪中，所求何事？"

神光道："惟愿和尚开甘露门，广度群品。"

达摩说："诸佛无上妙道，旷劫精勤，难行能行，难忍能忍，尚不能至，汝公以轻心慢心，欲冀真乘，徒劳勤苦。"神光听此诲励，即以刀断臂在达摩座前。

达摩说："诸佛求道为法忘形，你今断臂，求又何在？"

神光答道："弟子心未安，请祖师为我安心！"

达摩喝道："把心拿来，我为你安！"

神光愕然地说："我找不到心呀！"

达摩微笑说道："我已经为你将心安好了。"

神光慧可于找不到处，而有一个转身入处，终于豁然大悟。我们的烦恼本空，罪业本无自性，识心寂灭，没有妄想动念处，就是正觉，就是佛道。如果能够保持一颗平实不乱的真心，佛性当下就会开显。

立雪求法
断臂安心
不可觅处
寂灭明白

珍惜现在

日本亲鸾上人九岁时，就已立下出家的决心，他要求慈镇禅师为他剃度，慈镇禅师就问他说：

“你还这么年小，为什么要出家呢？”

亲鸾：“我虽年仅九岁，父母却已双亡，我因为不知道为什么人一定要死亡？为什么我一定非与父母分离不可？所以，为了探索这层道理，我一定要出家。”

慈镇禅师非常嘉许他的志愿，说道：“好！我明白了。我愿意收你为徒，不过，今天太晚了，待明日一早，再为你剃度吧！”

亲鸾听后，非常不以为然地道：“师父！虽然你说明天一早为我剃度，但我终是年幼无知，不能保证自己出家的决心是否可以持续到明天。而且，师父！您那么高年，您也不能保证您是否明早起床时还活着。”

慈镇禅师听了这话以后，拍手叫好。并满心欢喜地道：“对的！你说的话完全没错。现在我马上就为你剃度吧！”

我国唐代玄奘大师，十二岁出家时，因唐代出家为僧须经考试及格，其时玄奘年幼，未能被录取，玄奘伤心痛哭，主考官郑善果问为何一定要出家，玄奘答以要“光大如来遗教，绍隆菩提佛种”，因其志愿宏伟，特准出家。今中日两圣者，古今辉映，亦佛教之美谈也。

过去不可追
未来难期遇
佛说三世法
现在最珍惜

說究竟法

佛光禅师向学僧提一则公案道：

古时，人们大多用纸糊的灯笼点上蜡烛照路，某日一位盲者拜访了他的一位朋友，辞别时，因为天色已暗，他的朋友就给他一只灯笼，让他照路回家。

盲者谢绝朋友的好意说道：

“我不需要灯笼，无论明暗，对我都是一样。”

朋友解释道：“我知道你不需要灯笼照路回家，但如果你不带灯笼的话，别人也许会撞着你。因此你最好还是带着。”

话说得有理，这位盲者就带着灯笼回家了，但走不多远，却被来人撞个正着，盲者骂来人道：

“看你走到哪里去了？难道你看不见我手里的灯笼？”

路人除致歉意外，说道：

“老兄！你的蜡烛已经熄了。”

盲者道：“是你的心灯灭了，岂关我的蜡烛灭呢？”

见性的人，光照的般若与黑暗的无明，在他都是一样，没有分别。黑暗的烦恼固然苦人，光明的烈日，又何不炙人？虽然如此，何妨运用慈悲方便，提一灯笼（慧炬）照开众生的心灯？

众生无始以来，我执深重，生死死生 长夜冥冥，虽然长了两个眼睛，却不见眼前路人，责怪盲者灯笼熄灭，自己开着眼睛，却不用心，心灯的熄灭，才更可悲！例如世人未明佛法大义，到处误解佛法，毁谤三宝，即如明眼人撞了瞎子的灯笼，还怪灯不亮。

无边风月眼中眼
不尽乾坤灯外灯
柳暗花明千万户
敲门处处有人应

最具魅力

有一位女施主，家境非常富裕，不论其财富、地位、能力、权力，及漂亮的外表，都没有人能够比得上，但她却郁郁寡欢，连个谈心的人也没有，于是她就去请教无德禅师，如何才能具有魅力，以赢得别人的欢喜。

无德禅师告诉她道："你能随时随地和各种人合作，并具有和佛一样的慈悲胸怀，讲些禅话，听些禅音，做些禅事，用些禅心，那你就能成为有魅力的人。"

女施主听后，问道："禅话怎么讲呢？"

无德禅师道："禅话，就是说欢喜的话，说真实的话，说谦虚的话，说利人的话。"

女施主又问道："禅音怎么听呢？"

无德禅师道："禅音就是化一切音声为微妙的音声，把辱骂的音声转为慈悲的音声，把毁谤的音声转为帮助的音声，哭声闹声，粗声丑声，你都能不介意，那就是禅音了。"

女施主再问道："禅事怎么做呢？"

无德禅师："禅事就是布施的事，慈善的事，服务的事，合乎佛法的事。"

女施主更进一步问道："禅心是什么用呢？"

无德禅师道："禅心就是你我一如的心，圣凡一致的心，包容一切的心，普利一切的心。"

女施主听后，一改从前的骄气，在人前不再夸耀自己的财富，不再自恃自我的美丽，对人谦恭有礼，对眷属尤能体恤关怀，不久就被夸为"最具魅力的施主"了！

禅，不是理论，禅是生活。生活里有禅，就会法力无边，在人人尊，在处处贵。有禅，人生前途无往不利！

说欢喜禅音
行利他禅事
养慈悲善心
是名真庄严

像牛糞

宋代苏东坡到金山寺和佛印禅师打坐参禅，苏东坡觉得身心通畅，于是问禅师道："禅师！你看我坐的样子怎么样？"

"好庄严，像一尊佛！"

苏东坡听了非常高兴。佛印禅师接着问苏东坡道："学士！你看我坐的姿势怎么样？"

苏东坡从来不放过嘲弄禅师的机会，马上回答说："像一堆牛粪！"

佛印禅师听了也很高兴！禅师被自己喻为牛粪，竟无以为答，苏东坡心中以为赢了佛印禅师，于是逢人便说："我今天赢了！"

消息传到他妹妹苏小妹的耳中，妹妹就问道："哥哥！你究竟是怎么赢了禅师的？"苏东坡眉飞色舞，神采飞扬地如实叙述了一遍。苏小妹天资超人，才华出众，她听了苏东坡得意的叙述之后，正色说："哥哥！你输了！禅师的心中如佛，所以他看你如佛，而你心中像牛粪，所以你看禅师才像牛粪！"

苏东坡哑然，方知自己禅功不及佛印禅师。

禅，不是知识，是悟性；禅，不是巧辩，是灵慧。不要以为禅师们的机锋锐利，有时沉默不语，不通过语言文字，同样有震耳欲聋的法音。

禅心如佛

视人亦如佛

人心如粪

视人亦如粪

畸形

有位信徒向默仙禅师说道：

“我的妻子悭贪吝啬，对于好事，一财不舍，你能慈悲到我家去，向我太太开示，行些善事好吗？”

默仙非常慈悲的答允。

当默仙到达信徒家时，信徒的妻子出来迎接，但一杯茶水都舍不得端出来供养，禅师就握着一个拳头说道：

“夫人，你看我的手，天天都是这样，你觉得如何？”

夫人：“如果手天天这个样子，这是有毛病，畸形呀！”

“这样子是畸形！”接着默仙禅师把手伸张成一个手掌，问道：

“假如天天这样子呢？”

夫人：“这样子也是畸形！”

默仙禅师立刻道：

“夫人！不错，这都是畸形。钱只知道贪取，不知道布施，是畸形；钱只知道花用，不知道储蓄，也是畸形。钱要流通，要能进能出，要量入为出。”

这个太太在默仙禅师这么一个比喻之下，对做人处事和经济观念，用财之道，了然于心了！

世间有人过分贪财，有人过分施舍，均非佛教中道之义。悭贪之人应知喜舍结缘乃发财顺利之因，不播种，怎有收成？布施之人应在不自苦不自恼情形下为之，否则即为不净之施。默仙禅师以掌为喻，实有至理在焉。

趋利求名空自忙
名利二字陷人坑
急须返照娘生面
一片灵心是觉皇

禅門問答

洞山禅师在会见初首座的时候，首座说道："也大奇，也大奇，佛道世界深不可知。"

洞山禅师因此问道："关于佛道世界可不可测知，我们暂且不谈，现在只请问你这个说佛道世界的人，究竟是什么世界的人呢？"

初首座沉默不答，洞山禅师追问道："你为什么不赶快回答呢？你说，你是哪个世界的人呢？"

初首座道："你不可以那么急躁！"

洞山禅师道："你连我的问题都不回答，怎能叫我不急躁呢？"

初首座仍然不答，洞山禅师继续追问道："不论是佛，也不论是道，都只不过是一个名字而已，那你为什么不引用经典来说呢？"

初首座一听，兴致勃勃地问道："经典中怎么说的？"

洞山禅师回答道："经典中四依止有依义不依语的话，意思是只要把握住意义，就不需要在语言上分别了。"

初首座不以为然地说道："你仍然根据经典在心中制造疾病哪！"

洞山禅师："你争论佛道世界不可测知的病，这种消极无能，不肯直下承担的病，竟又如何呢？"

初首座又再沉默，这不是不答，这已经不能回答。第二天，有人说，初首座突然死亡，因此当时禅门人物都称洞山是"问死初首座的良价禅师"。

初首座的突然死亡，与洞山良价禅师的追问是不是真有关系，这很难下一定论。不过，禅门的问答，确实如石火雷光，快得不容你分别，"只要一眨眼，母鸡变成鸭"。佛道世界，不容论深浅的，故所谓深浅之外，里外之外，还有这个分别也无？

禅门问答
深不可测
快如电光
不假分别

鳥窠與白居易

有一天，大文豪白居易去拜访鸟窠道林禅师，他看见禅师端坐在鹊巢边，于是说：“禅师住在树上，太危险了！”

禅师回答说：“太守！你的处境才非常危险！”

白居易听了不以为然地说：“下官是当朝重要官员，有什么危险呢？”

禅师说：“薪火相交，纵性不停，怎能说不危险呢？”意思是说官场浮沉，勾心斗角，危险就在眼前。

白居易似乎有些领悟，转个话题又问道：“如何是佛法大意？”

禅师回答道：“诸恶莫作，众善奉行！”

白居易听了，以为禅师会开示自己深奥的道理，原来是如此平常的话，感到很失望地说：“这是三岁孩儿也知道的道理呀！”

禅师说：“三岁孩儿虽道得，八十老翁行不得。”

这首七佛通戒偈看起来虽然稀松平常，可是又有几人能够做得到呢？如果人人能够消极的不为恶，并且积极地行善，人间哪里还有邪恶？社会哪里不充满爱心和乐呢？也因此白居易听了禅师的话，完全改变他那自高自大的傲慢态度。

诸恶莫作行众善
自净其意谓佛教
三岁孩儿能道得
八十老翁行不得

八風吹不動

宋朝苏东坡居士在江北瓜州地方任职，和江南金山寺只一江之隔，他和金山寺的住持佛印禅师，经常谈禅论道。一日，自觉修持有得，撰诗一首，派遣书僮过江，送给佛印禅师印证，诗云：

稽首天中天，毫光照大千。

八风吹不动，端坐紫金莲。

（注：八风是指吾人生活上所遇到的“称、讥、毁、誉、利、衰、苦、乐”等八种境界，能影响人之情绪，故形容为风。）

禅师从书僮手中接看之后，拿笔批了两个字，就叫书僮带回去。苏东坡以为禅师一定会赞赏自己修行参禅的境界，急忙打开禅师之批示，一看，只见上面写着“放屁”两个字，不禁无明火起，于是乘船过江找禅师理论。

船快到金山寺时，佛印禅师早站在江边等待苏东坡，苏东坡一见禅师就气呼呼地说：“禅师！我们是至交道友，我的诗，我的修行，你不赞赏也就罢了，怎可骂人呢？”禅师若无其事地说：“骂你什么呀？”

苏东坡把诗上批的“放屁”两字拿给禅师看。

禅师呵呵大笑说：“哦！你不是说‘八风吹不动’吗？怎么‘一屁就打过江’了呢？”

苏东坡惭愧不已。

修行，不是口上说的，行到才是功夫。

横看成岭侧成峰
远近高低各不同
不识庐山真面目
只缘身在此山中

無道心

文道是个云水僧，因久仰慧薰禅师的道风，故跋山涉水，不远千里的来到禅师居住的洞窟前，说道：

“末学文道，素仰禅师的高风，专程来亲近、随侍，请和尚慈悲开示！”

因时已晚，慧薰禅师就说：“日暮了，就此一宿吧！”

第二天，文道醒来时，慧薰禅师早已起身，并已将粥煮好了。用餐时，洞中并没有多余的碗可给文道用餐，慧薰禅师就随手在洞外拿了一个骷髅头，盛粥给文道。文道踌躇着不知是否要接时，慧薰禅师说：“你无道心，非真正为法而来，你以净秽和憎爱的妄情处事接物，如何能得道呢？”

善恶、是非、得失、净秽，这是从分别心所认识的世界；真正的道，不思善、不思恶，不在净、不在秽，文道的憎爱之念，拒受之情，当然要被呵为无道心了。

至道无难
唯嫌拣择
但莫憎爱
洞然明了

詩偈論道

苏东坡住在庐山东林寺，做了一首七言绝句，诗云：

溪声尽是广长舌，山色无非清净身；

夜来八万四千偈，他日如何举似人？

这首诗的前面两句，气势博大，确是惊人。

一天，证悟禅师前往谒见庵元禅师。他俩夜里闲谈，证悟就举出东坡的东林诗偈，并赞叹地说：

“这也是不易到达的境地哦！”

庵元不以为然，批评说：“这种说法还没有看到路径，哪里说到了目的地呢？”

证悟：“溪声尽是广长舌，山色无非清净身，若不是已到了那种境界，如何有这个消息？”

庵元：“是门外汉而已。”

证悟：“和尚慈悲，可为指破？”

庵元：“且从这里用心参破，即可以知道本命元辰落在何处？”

证悟听了茫然一片。整夜深思，无法入睡。不知不觉中，天已亮了，忽闻钟声，恍然大悟，去其疑云，说道：

东坡居士太饶舌，声色关中欲透身；

溪若是声山是色，无山无水好愁人？

拿此偈语奔告庵元禅师，庵元说：“向你说是门外汉嘛！”

禅，不是用语言能说的，也不是用文字能写的，更不是用心思能想的；禅，完全是透过悟才能体认的。证悟禅师的一夜深思，那钟声终于敲开了心扉，他和东坡的境界就不同了。

东坡居士太饶舌
声色关中欲透身
溪若是声山是色
无山无水好愁人

要眼珠

云岩禅师正在编织草鞋的时候，洞山禅师从他身边经过，一见面就说道：

“老师！我可以跟您要一样东西吗？”

云岩禅师回答道：“你说说看！”

洞山不客气的说道：“我想要您的眼珠。”

云岩禅师很平静的道：“要眼珠？那你自己的眼珠呢？”

洞山道：“我没有眼珠！”

云岩禅师淡淡一笑，说：“要是你有眼珠，如何安置？”

洞山无言以对。

云岩禅师此时才非常严肃的说道：“我想你要的眼珠，应该不是我的眼珠，而是你自己的眼珠吧？”

洞山禅师又改变口气道：“事实上我要的不是眼珠。”

云岩禅师终于忍不住这种前后矛盾的说法，便对洞山禅师大喝一声道：“你给我出去！”

洞山禅师并不讶异，仍非常诚恳的说道：“出去可以，只是我没有眼珠，看不清前途的道路。”

云岩禅师用手摸一摸自己的心，说道：“这不早就给你了吗？还说什么看不到！”

洞山禅师终于言下省悟。

洞山禅师向别人要眼珠，这是很怪异的事，就算高明如云岩禅师，起初也只能告诉他眼睛长在自己额头上，为什么向别人要呢？最后知道洞山要的不是“肉眼”，云岩禅师提示出“心眼”的妙道，洞山才有所契悟。

肉眼，是观看世间万象长短方圆青红赤白的，这种观看只是表面的、生灭的、现象的，而心眼才能观察宇宙万有的本体，这种观察是普遍的，里外一如的。难怪洞山虽有肉眼，仍看不清前途的道路，此道路即自己的本来面目，即成佛作祖的目标。当云岩告诉他心眼的妙用，洞山就有省悟了。

心眼妙道观万有
普遍一如无分别
识知本来真面目
成佛作祖不为难

從心流出

雪峰禅师和岩头禅师同行至湖南鼇山时，遇雪不能前进。岩头整天不是闲散，便是睡觉。雪峰总是坐禅，他责备岩头不该只管睡觉。岩头责备他不该每天只管坐禅。雪峰指着自己的胸口说："我这里还不够稳定，怎敢自欺欺人呢？"

岩头很是惊奇，两眼一直注视着雪峰。

雪峰道："实在说，参禅以来，我一直心有未安啊！"

岩头禅师觉得机缘成熟，就慈悲地指导说：

"果真如此，你把所见的一一告诉我。对的我为你印证，不对的我替你破除！"

雪峰就把自己修行的经过说了一遍。岩头听了雪峰的话后，便喝道：

"你没有听说过吗？从门入者不是家珍。"

雪峰便说："我以后该怎么办呢？"

岩头禅师又再放低声音道："假如你宣扬大教的话，一切言行，必须都要从自己胸中流出，要能顶天立地而行。"

雪峰闻言，当即彻悟。

世间的知识，甚至科学，都是从外界现象上去了解的；而佛法，则是从内心本体上去证悟的。雪峰久久不悟，是因外境的森罗万象，在心上还有所执取，无法止息妄念，"从门入者，不是家珍"，要能"从心流出，才是本性"。这就是不要在枝末上钻研，要从大体上立根！

从门入者
不是家珍
从心流出
才是本性

大小不二

唐朝江州刺史李渤，问智常禅师道：

“佛经上所说的‘须弥藏芥子，芥子纳须弥’未免失之玄奇了，小小的芥子，怎么可能容纳那么大的一座须弥山呢？过分不懂常识，是在骗人吧？”

智常禅师闻言而笑，问道：“人家说你‘读书破万卷’，可有这回事？”

“当然！当然！我岂止读书万卷？”李渤一派得意洋洋的样子。

“那么你读过的万卷书如今何在？”

李渤抬手指着头脑说：“都在这里了！”

智常禅师道：“奇怪，我看你的头颅只有一粒椰子那么大，怎么可能装得下万卷书？莫非你也骗人吗？”

李渤听后，脑中轰然一声，当下恍然大悟。

一切诸法，有时从事上去说，有时从理上去解，要知宇宙世间，事上有理，理中有事；须弥藏芥子是事，芥子纳须弥是理，若能明白理事无碍，此即圆融诸法了。

须弥藏芥子
芥子纳须弥
若理事无碍
即圆融诸法

敬鐘如佛

钟，是佛教丛林寺院里的号令，清晨的钟声是先急后缓，警醒大众，长夜已过，勿再放逸沉睡。而夜晚的钟声是先缓后急，提醒大众觉昏衢，疏昏昧！故丛林的一天作息，是始于钟声，止于钟声。

有一天，奕尚禅师从禅定中起来时，刚好传来阵阵悠扬的钟声，禅师特别专注地竖起心耳聆听，待钟声一停，忍不住召唤侍者，询问道：“早晨司钟的人是谁？”

侍者回答道：“是一个新来参学的沙弥。”

于是奕尚禅师就要侍者将这沙弥叫来，问道：“你今天早晨是以什么样的心情在司钟呢？”

沙弥不知禅师为什么要这么问他，他回答道：“没有什么特别心情！只为打钟而打钟而已。”

奕尚禅师道：“不见得吧？你在打钟时，心里一定念着些什么？因为我今天听到的钟声，是非常高贵响亮的声音，那是正心诚意的人，才会发出这种声音。”

沙弥想了想，然后说道：“报告禅师！其实也没有刻意念着，只是我尚未出家参学时，家师时常告诫我，打钟的时候应该要想到钟即是佛，必须要虔诚、斋戒，敬钟如佛，用如如入定的禅心，和用礼拜之心来司钟。”

奕尚禅师听了非常满意，再三的提醒道：“往后处理事务时，不可以忘记，都要保有今天早上司钟的禅心。”

这位沙弥从童年起，养成恭谨的习惯，不但司钟，做任何事，动任何念，一直记着剃度师和奕尚禅师的开示，保持司钟的禅心，他就是后来的森田悟由禅师。

奕尚禅师不但识人，而且从钟声里能听出一个人的品德，这也由于自己是有禅心的人。谚云：“有志没志，就看烧火扫地”，“从小一看，到老一半”。森田沙弥虽小，连司钟时都晓得敬钟如佛的禅心，难怪长大之后，成为一位禅匠！可见凡事带几分禅心，何事不成？

一年春尽一年春
野草山花几度新
天晓不因钟鼓动
月明非为夜行人

把門關好

有个小偷晚上钻进一座寺院，想偷东西，但翻箱倒柜的都找不到值钱的东西好偷，不得已，正准备离去时，睡在床上的无相禅师开口叫道："喂！你这个朋友，既然要走，请顺便为我把门关好！"

小偷先是一愣，随即就说："原来你是这么懒惰，连门都要别人关，难怪你寺里一点值钱的东西都没有。"

无相禅师说："你这位朋友太过分了，难道要我老人家每天辛辛苦苦，赚钱买东西给你偷吗？"

小偷觉得，遇到这种和尚，真是一点办法也没有。

禅师不是没有东西，禅师拥有的是别人偷不去的无尽宝藏。世间上的人只是知道聚敛，人为财死，心为物累，你有钱了，连小偷都不放过你，不如拥有自家本性里的无限智慧宝藏，又有什么人能偷得去呢?

自家本性无限宝藏
胜过世间有限财宝

放下！放下！

过去有一个人出门办事，跋山涉水，好不辛苦。有一次经过险峻的悬崖，一不小心，掉到深谷里去。此人眼看生命危在旦夕，双手在空中攀抓，刚好抓住崖壁上枯树的老枝，总算保住了生命，但是人悬荡在半空中，上下不得，正在进退维谷，不知如何是好的时候，忽然看到慈悲的佛陀，站立在悬崖上，慈祥的看着自己，此人如见救星般，赶快求佛陀说："佛陀！求求您慈悲，救我吧！"

"我救你可以，但是你要听我的话，我才有办法救你上来。"佛陀慈祥的说着。

"佛陀！到了这种地步，我怎敢不听您的话呢？随您说什么？我全都听您的。"

"好吧！那么请你把攀住树枝的手放下！"

此人一听，心想，把手一放，势必掉到万丈深坑，跌得粉身碎骨，哪里还保得住生命？因此更加抓紧树枝不放，佛陀看到此人执迷不悟，只好离去。

我们想明心见性，就要遵循佛陀的指示，把手放下来。在悬崖的地方，把手放下来才能得救，否则拼命执著，怎好救你脱离险境呢？

修行容易遇师难
不遇明师总是闲
自作聪明空费力
盲修瞎练也徒然

没時間老

佛光禅师门下弟子大智，出外参学二十年后归来，正在法堂里向佛光禅师述说此次在外参学的种种见闻。佛光禅师总以慰勉的笑容倾听着，最后大智问道：

“老师！这二十年来，您老一个人还好？”

佛光禅师道：“很好！很好！讲学、说法、著作、写经，每天在法海里泛游，世上没有比这更欣悦的生活，每天，我忙得好快乐。”

大智关心的说道：“老师！应该多一些时间休息！”

夜深了，佛光禅师对大智说道：“你休息吧！有话我们以后慢慢谈。”

清晨在睡梦中，大智隐隐中就听到佛光禅师禅房传出阵阵诵经的木鱼声，白天佛光禅师总不厌其烦的对一批批来礼佛的信众开示，讲说佛法，一回禅堂不是批阅学僧心得报告，便是拟定信徒的教材，每天总有忙不完的事。

好不容易看到佛光禅师刚与信徒谈话告一段落，大智争取这一空档，抢着问佛光禅师道：

“老师！分别这二十年来，您每天的生活仍然这么忙，怎么都不觉得您老了呢？”

佛光禅师道：“我没有时间觉得老呀！”

“没有时间老”，这句话后来一直在大智的耳边响着。

世人，有的还很年轻，但心力衰退，他就觉得老了；有的年寿已高，但心力旺盛，仍感到精神饱满，老当益壮。

“没有时间老”，其实就是心中没有老的观念，等于孔子说：“其为人也，发愤忘食，乐以忘忧，不知老之将至。”禅者人生观，也是如此。

曾有一位老翁，白发苍苍，有人问他高寿，他答四岁，大家惊讶。他说：“过去七十年，都为自己，自私自利的生活，毫无意义，这四年来才懂得为社会大众服务，觉得非常有意义，所以才说活了四岁。”

没有时间老，很好，不能的话，做个四岁的老翁，也很有意义。

其为人也
发愤忘食
乐以忘忧
不知老之将至

一襲衲衣

有一位无果禅师深居幽谷一心参禅，二十余年来都由一对母女护法供养，由于一直未能明心，深怕信施难消，故想出山寻师访道，以明生死大事。护法的母女要求禅师能多留几日，要做一件衲衣送给禅师。

母女二人回家后，马上着手剪裁缝制，并一针念一句弥陀圣号。做毕，再包了四锭马蹄银，送给无果禅师做路费。禅师接受了母女二人的好意，准备第二日动身下山，是夜仍坐禅养息，忽至半夜，有一青衣童子，手执一旗，后随数人鼓吹而来，扛一朵很大的莲花，到禅师面前。童子说："请禅师上莲花台！"

禅师心中暗想：我修禅定功夫，未修净土法门，就算修净土法门的行者，此境亦不可得，恐是魔境。无果禅师就不理他，童子又再三地劝请，说勿错过，无果禅师就随手拿了一把引磬，插在莲花台上。不久，童子和诸乐人，便鼓吹而去。

第二天一早，禅师正要动身时，母女二人手中拿了一把引磬，问无果禅师道："这是禅师遗失的东西吗？昨晚家中母马生了死胎，马夫用刀破开，见此引磬，知是禅师之物，故特送回，只是不知为什么会从马腹中生出来呢？"

无果禅师听后，汗流浃背，乃作偈曰：

一袭衲衣一张皮，四锭元宝四个蹄；

若非老僧定力深，几与汝家作马儿。

说后，乃将衣银还于母女二人，一别而去！

佛教的因果业缘，实在是难以思议的真理，即使悟道，若无修证，生死轮回，仍难免除，观夫无果禅师，可不慎哉？

一袭衲衣一张皮
四锭元宝四个蹄
若非老僧定力深
几与汝家作马儿

不留平常心

有一个学僧到法堂请示禅师道：

“禅师！我常常打坐、时时念经、早起早睡、心无杂念，自忖在您座下没有一个人比我更用功了，为什么就是无法开悟？”

禅师拿了一个葫芦、一把粗盐，交给学僧说道：

“你去将葫芦装满水，再把盐倒进去，使它立刻溶化，你就会开悟了！”

学僧依样葫芦，遵示照办，过不多久，跑回来说道：

“葫芦口太小，我把盐块装进去，它不化；伸进筷子，又搅不动，我还是无法开悟。”

禅师拿起葫芦倒掉了一些水，只摇几下，盐块就溶化了，禅师慈祥的说道：

“一天到晚用功，不留一些平常心，就如同装满水的葫芦，摇不动，搅不得，如何化盐，又如何开悟？”

学僧：“难道不用功可以开悟吗？”

禅师：“修行如弹琴，弦太紧会断，弦太松弹不出声音，中道平常心才是悟道之本。”

学僧终于领悟。

世间事，不是一味执著就能进步的，读死书而不活用，不能获益。留一点空间，给自己转身；余一些时间，给自己思考，不急不缓，不紧不松，那就是入道之门了。

饥来食时困来眠
热取凉风寒向火
只这平常心是道
一无造作无是非

大千為床

有一次，苏东坡要来见佛印禅师，并且事先写信给禅师，叫禅师如赵州禅师迎接赵王一样不必出来迎接。

苏东坡自以为了解禅的妙趣，佛印禅师应该以最上乘的礼来接他——不接而接。可是却看到佛印禅师跑出寺门来迎接，终于抓住取笑禅师的机会，说道：

“你的道行没有赵州禅师洒脱，我叫你不要来接我，你却不免俗套跑了大老远的路来迎接我。”

苏东坡以为禅师这回必居下风无疑了，而禅师却回答一首偈子说：

赵州当日少谦光，不出山门迎赵王；

怎似金山无量相，大千世界一禅床。

意思是说：赵州不起床接见赵王，那是因为赵州不谦虚，而不是境界高，而我佛印出门来迎接你，你以为我真的起床了吗？大千世界都是我的禅床，虽然你看到我起床出来迎接你，事实上，我仍然躺在大千禅床上睡觉呢！你苏东坡所知道的只是肉眼所见的有形的床，而我佛印的床是尽虚空遍法界的大广床啊！

天为罗帐地为毡
日月星辰伴我眠
夜间不敢长伸足
恐怕踏破海底天

人的聲氣

有一学僧请示盘珪禅师道："我有一个天生的毛病——气短心急，曾受师父指责，我也知错要改，但因心急已成为习气，始终没有办法纠正。请问禅师，您有什么办法帮我改正习气呢？"

盘珪禅师非常认真地答道："你心急的习气，如果能拿出来，我帮你改正。"

学僧道："现在不会心急，有时会忽然跑出来。"

盘珪微微一笑道："那么，你的心急，时有时无，不是习性，更不是天性；是你触境而生的，本来没有，因境而生。若说父母生给你的，你是太不孝了；父母生给你的，只有佛心，其他没有。"

盘珪禅师一生接待学人，不说佛法，不说禅法，只是要求你自己应具有的佛心和高贵的道德。

后来，盘珪禅师圆寂后，一位住在寺院旁的盲人对参禅的学僧说道："我虽是瞎子，看不到对方的面孔，但却能从对方说话的音声判断他的性格。通常，我不但可以在一个人对幸福者或成功者的祝福语中，听出他的嫉妒声气，也可从他对不幸者或失败者所发出的安慰语中，探出他的得意和满足声气，仿佛他可从那些慰祝之言中得到许多的利益似的。但是，在我所有的体会中，盘珪禅师对人说话的声气始终是真诚无伪。每当他向人宣示快慰之情时，我只听到快慰的声气；而当他向人一吐愁肠时，我只听到愁苦的声气。那种声气，完全从他的佛心中流露出来的，那佛心，就是他父母生的。"

学僧听后，一面否认盲者的话，一面赞美盘珪禅师道："我们老师的佛心，不是父母生的，那是他本有的。"

把一切好的都归之于父母生的，这会失去自己的本性；把一切坏的都归之于父母生的，这也会被说为不孝。好和坏，是习性，不是本性，既非与生俱来，也非父母所生。设有人问："佛陀是谁生的？"答以"佛陀是摩耶夫人生的"。此话错也，悉达多太子是摩耶夫人生的，而佛陀则是从般若生也，所谓"般若为三世诸佛之母"，即此义也。

盘珪佛心本自具足
待人声气真诚无伪

宜默不宜喧

灵树院有一年结夏安居的时候，五代时的后汉刘王坚持礼请云门禅师及其寺内大众全体到王宫内过夏。诸位法师在宫内接受宫女们礼敬问法，莺莺燕燕，热闹非凡。尤其刘王虔诚重法，故禅修讲座，无日无之。寺中耆宿也都乐于向宫女和太监们说法。但唯有云门禅师一人却在一旁默默坐禅，致使宫女们不敢亲近请示。

有一位值殿的官员，经常看到这种情形，就向云门禅师请示法要，云门禅师总是一默，值殿官员不但不以为忤，反而更加尊敬，就在碧玉殿前贴一首诗道：

大智修行始是禅，禅门宜默不宜喧，

万般巧说争如实，输却禅门总不言。

禅门高僧，一向如闲云野鹤，或居山林，或住水边，三衣一具，随缘任运，即使法缘殊胜，王宫侯第，亦不为利诱，不为权动。如云门禅师者，"一默一声雷"，虽不言语，实则有如雷轰顶之开示，吾人如在沉默时体会出千言万语，就可以说已透到一点禅的消息了。

大智修行始是禅
禅门宜默不宜喧
万般巧说争如实
输却禅门总不言

草木成佛

日本真观禅师，最初研究天台教义六年，后来改习禅学七年。为了寻师访道，以期明心见性，找到自己本来面目，又负笈中国各名山丛林，参话头，习禅定，又经历十二年之久。

二十多年后，他终于在禅门中得到了自我消息，因此束装返国，在东都、奈良等地弘扬禅法。各地学者，蜂拥而来参禅求道，大家都争相以一些困难的问题，要他解答。那些问题包括：

一、什么是吾人自己的本来面目？

二、达摩祖师西来大意是什么？

三、人问赵州狗子有无佛性，赵州时而说有时而说无，究竟是有是无？

问题虽多，真观禅师总是闭着眼睛，不予回答。有人也知道真观禅师不愿和人议论禅门公案，大家对公案禅搬来说去，并不能得到真正的受用。

一天，有一位五十余岁的天台学者道文法师，研究天台教义三十余年，慕名而来，非常诚恳地问道：

“我自幼研习天台法华思想，有一个问题始终不能了解。”

真观禅师非常爽朗地答道：“天台法华的思想博大精深，圆融无碍，应该问题很多，而你只有一个问题不解，不知是什么问题？”

道文法师问道：“法华经说：‘情与无情，同圆种智’，这意义就是认为树木花草皆能成佛，请问：花草成佛真有可能吗？”

真观禅师不答反问：“三十年来，你挂念花草树木能否成佛，对你有何益处？你应该关心的是你自己如何成佛？你要作如是想才对！”

道文法师先是讶异，然后道：“我没有这样想过，那请问我自己如何成佛？”

真观禅师道：“你说只有一个问题问我，关于第二个问题就要你自己去解决了。”

花草树木能不能成佛？这不是一个重要问题，因为大地山河，花草树木，一切宇宙万物，都是从我们自性中流出，只要我们成佛，当然一切草木都跟着成佛。不探讨根本，只寻枝末，怎能进入禅道？

禅，要我们当下认识自我，不要去攀缘其他。

溪声尽是广长舌
山色无非清净身
夜来八万四千偈
他日如何举似人

你從哪裏來

惠能当初见五祖的时候，五祖弘忍大师第一句就问他：“你从哪里来？”

“我从岭南来。”惠能回答。

“岭南是獦獠的地方，獦獠没有佛性啊！”

惠能就回答说：

“人有南北，佛性也有南北吗？”

就因为这一段重要的对话，惠能受到五祖弘忍特别的器重，并且传授衣钵。

以后，六祖惠能大师也常以同样的问话，摄受了许多门徒弟子。以下举四个例子，来说明这一点。

一、神会大师亲近六祖，六祖问他：“你从哪里来？”

神会回答说：“我不从哪里来。”

这回答非常受六祖的赏识。

二、南岳怀让禅师于二十三岁时参访六祖，六祖一样地问他：“你从哪里来？”

“我从安和尚那里来。”六祖又问：

“什么东西把你带来？”

怀让禅师无法回答这个问题，因此在曹溪一住就是十多年，直到三十多岁才开悟。

三、青原行思禅师，初到曹溪之时，六祖也这样问他：“你做过什么事才来这里？”

行思禅师回答他说：“圣谛亦不为。”

意思是说成佛做祖我都不要，还要做什么？这句话也大受六祖的器重。

四、做过唐代国师的南阳慧忠禅师，初来参学时，六祖问他说：“你从哪里来？”

慧忠回答说：“我从近处来。”

由于过去五祖问他：“你从哪里来？”因而开启六祖入道的因缘，所以六祖以后接引参禅的人也都以“你从哪里来？”来启发对方、考验对方，要对方对自己生命最根本的来处提起疑情，深入去探究真相。提起疑情是禅宗接机时常常使用的重要方法之一，从一个接连一个的问答之中，禅者终于返照自性，认识到自己本来面目。

抛却身心现法王
前程不必问行藏
若能识得娘生面
草木丛林尽放光

諸佛不欺

黄檗禅师出家后，认为“必须放弃恩情，达到无为时，方才是真实的报恩”，因此过了三十年禅者的生活，却从来不曾回过俗家，探望亲人，但他内心深处，非常记挂年迈的母亲。五十岁时，有一次在参访的旅途中，不自觉的就往故乡的方向走去。

母亲也思念出家的儿子，可是毫无音讯，每天从早到晚哀伤的哭泣着，把眼睛都哭得失明。为了想念儿子，母亲就在路旁设个司茶亭，不但亲自招待过往的云水僧，并且亲自迎到家中，为他们洗脚，以示礼敬；另外还有一个原因，那就是因为黄檗禅师左脚上有颗大痣，她眼睛虽瞎了，但希望凭万分之一的洗脚机遇，或可认出谁是他的爱子。

这一天，黄檗禅师也接受了母亲的招待，他一边让母亲洗脚，一边向母亲述说佛陀出家的故事，希望母亲能因此得到信仰、安心。黄檗禅师只将右脚给母亲洗，却不把左脚给母亲洗。

黄檗禅师接连两次返家，虽然觉得难舍难离，但还是忍痛起程云游行脚，继续参访。邻居们忍不住将这个事实，告诉他的母亲说，那个向你讲释迦出家故事的人，就是你经常盼望的儿子。母亲听后几近疯狂似的说：“难怪声音好像我儿。”说后就追上去，一直追到大河边，不巧，这时黄檗禅师已经上船，而且船也开动了，母亲情急地跳到河里，非常不幸地淹死了。

黄檗禅师站在对岸看到母亲失足，落水溺死的情形，不禁悲从中来，恸哭着说道：“一子出家，九族升天；若不升天，诸佛妄言。”

黄檗禅师说后，即刻乘船返回，火葬母亲，说一偈曰：

我母多年迷自心，如今华开菩提林，

当来三会若相值，归命大悲观世音。

在黄檗禅师说偈的时候，乡人都看见他的母亲在火焰中升空而去。

黄檗希运禅师，福建人，在江西出家，受法于百丈怀海禅师，但也在安徽南泉禅师处得到印证。黄檗禅师不是一个不孝顺的人，所谓孝顺有三：一为小孝，甘脂奉养；二为中孝，光宗耀祖；三为大孝，度其灵识超升。禅师度母乃大孝中之大孝也。

一子出家
九族升天
若不升天
诸佛妄言

炷香增福

唐朝的裴休宰相，是一个很虔诚的佛教徒。他的儿子裴文德，年纪轻轻的就中了状元，皇帝封他为翰林。但是裴休不希望儿子这么早就飞黄腾达，少年仕进，因此就把他送到寺院里修行参学，并且要他先从行单（苦工）上的水头和火头做起。这位少年得意的翰林学士，天天在寺院里挑水砍柴，弄得身心疲累，而又烦恼重重，心里就不停地嘀咕，不时地怨恨父亲把他送到这种深山古寺里来做牛做马，但因父命难违，强自隐忍，像这样心不甘情不愿地做了一段时间之后，终于忍耐不住，满怀怨恨地发牢骚道：

“翰林担水汗淋腰，和尚吃了怎能消？”

寺里的住持无德禅师刚巧听到，微微一笑，也念了两句诗回答道：

“老僧一炷香，能消万劫粮。”

裴文德吓了一跳，从此收束身心，苦劳作役。

伟大人物，不是坐在高位上给人崇拜。禅者是从卑贱作业，苦役劳动中身体力行，磨励意志。儒者有“天将降大任于斯人也，必先苦其心志，劳其筋骨，饿其体肤，空乏其身”。佛教更是重视苦行头陀，劳役历练。虽然如斯，这也只是充实福德因缘，乃属世间有为法。若禅者炷香，心能横遍十方，性能竖穷三际，心性能与无为法相应，当然“老僧一炷香，能消万劫粮”了。

翰林挑水汗淋腰
和尚吃了怎能消
老僧禅坐一炷香
能消施主万劫粮

哪裡没有佛

一次，有位禅师在佛殿里随众课诵，忽然咳嗽了一声，就将一口痰吐在佛像身上，管理的纠察师看到以后就责骂他道：

“岂有此理！怎么可以把痰吐在佛身上呢？”

这位吐痰的禅师又再咳嗽了一下，对纠察师说：

“请您告诉我，虚空之中哪里没有佛？我现在还要再吐痰，请问哪里没有佛？”

这位吐痰者，他已经悟到“佛性遍满虚空，法身充塞宇宙”的道理，您怪我把痰吐在佛身上，自以为对佛尊敬了，其实，这正表示你还不懂什么是佛，佛的法身是遍满虚空，充满法界的，所以这位禅师说：

“请您告诉我，哪里没有佛？”

这么一问，您能回答得出吗？回答不出，就是尚未悟道。即使悟道，这样反诘一问，他的灵智，他的禅机，也就由此更加展开了。

巨海茫茫性海清
何分江渠与沟坑
归来一滴漕溪水
洒向云厨味自珍

不復再畫

月船禅师是一位善于绘画的高手，可是他每次作画前，必坚持购买者先行付款，否则决不动笔，这种作风，令社会人士经常有微词批评。

有一天，一位女士请月船禅师帮她作一幅画，月船禅师问："你能付多少酬劳？"

"你要多少就付多少！"那女子回答道："但我要你到我家去当众挥毫。"

月船禅师允诺跟着前去，原来那女子家中正在宴客，月船禅师以上好的毛笔为她作画，画成之后，拿了酬劳正想离开。那女士就对宴桌上的客人说道：

"这位画家只知要钱，他的画虽画得很好，但心地肮脏，金钱污染了它的善美。出于这种污秽心灵的作品是不宜挂在客厅的，它只能装饰我的一条裙子。"

说着便将自己穿的一条裙子脱下，要月船禅师在它后面作画。月船禅师问道："你出多少钱？"

女士答道："哦，随便你要多少。"

月船开了一个特别昂贵的价格，然后依照那位女士要求画了一幅画，画毕立即离开。

很多人怀疑，为什么只要有钱就好？受到任何侮辱都无所谓的月船禅师，心里是何想法？

原来，在月船禅师居住的地方常发生灾荒，富人不肯出钱救助穷人，因此他建了一座仓库，贮存稻谷以供赈济之需。又因他的师父生前发愿建寺一座，但不幸其志未成而身亡，月船禅师要完成其志愿。

当月船禅师完成其愿望后，立即抛弃画笔，退隐山林，从此不复再画。他只说了这样的话："画虎画皮难画骨，画人画面难画心。"钱，是丑陋的；心，是清净的。

有禅心的人，不计人间毁誉；像月船禅师，以自己的艺术素养，求取净财救人救世。他的画不能以一般画来论，应该称为禅画了。因为他不是贪财，他是舍财，可是世间人有多少人能懂得这种禅心呢？

画虎画皮难画骨

画人画事难画心

禅的妙用

仙崖禅师外出弘法，路上，遇到一对夫妇吵架。

妻子："你算什么丈夫，一点都不像男人！"

丈夫："你骂，你如再骂，我就打你！"

妻子："我就骂你，你不像男人！"

这时，仙崖禅师听后就对过路行人大声叫道：

"你们来看啊，看斗牛，要买门票；看斗蟋蟀、斗鸡都要买门票；现在斗人，不要门票，你们来看啊！"

夫妻仍然继续吵架。

丈夫："你再说一句我不像男人，我就杀人！"

妻子："你杀！你杀！我就说你不像男人！"

仙崖："精彩极了，现在要杀人了，快来看啊！"

路人："和尚！大声乱叫什么？夫妻吵架，关你何事？"

仙崖："怎不关我事？你没听到他们要杀人吗？杀死人就要请和尚念经，念经时，我不就有红包拿了吗？"

路人："真岂有此理，为了红包就希望杀死人！"

仙崖："希望不死也可以，那我就要说法了。"

这时，连吵架的夫妇都停止了吵架，双方不约而同的围上来听仙崖禅师和人争吵什么。

仙崖禅师对吵架的夫妇说教道：

"再厚的寒冰，太阳出来时都会溶化；再冷的饭菜，柴火点燃时都会煮熟；夫妻，有缘生活在一起，要做太阳，温暖别人；做柴火，成熟别人。希望贤夫妇要互相敬爱！"

仙崖禅师就这样活用"禅"了。

坚厚寒冰　日出却融
冷硬菜肴　薪火熟暖
夫妇之道　如日如薪
彼此温暖　互相成熟

行惡與修善

有学僧请示峻极禅师道：

“如何才是修行行善的人？”

峻极：“担枷带锁者。”

学僧：“如何是邪恶为非的人？”

峻极：“修禅入定者。”

学僧：“学僧根机愚昧，禅师的开示，颠倒难明。恳求禅师还是用简明易晓的言辞开示吧！”

峻极：“所谓恶者，恶不从善。善者，善不从恶。”

学僧如堕五里雾中，仍然茫然。良久，峻极禅师问学僧道：“懂了吗？”

学僧：“不懂。”

峻极：“行恶者无善念，行善者无恶心，所以说善恶如浮云，无所生也无所灭。”

学僧于言下有悟。

善恶，在世间法讲，做好事名曰善，做坏事名曰恶，善有善报，恶有恶报，三世因果，历然俱在，在事相说，一点不虚。但在本性上讲，善恶之名都不立，若能不思善不思恶，即名见性（见到自己本来面目）。所谓“罪恶本空由心造，心若亡时罪亦空”。行善是枷锁，作恶名禅定，这不怪禅师颠倒。在真理上讲，作福行善，一味执著人天福报，岂非为枷锁所囚？作恶为非，虽要恶道流转，但本性仍是如此。故峻极禅师兴大慈悲，发此高论，乃要吾人莫为善恶所迷。应该知道，为善上生时，就一味执著有为法，以为是究竟解脱，这就错了；作恶下堕时，就心灰意冷，以为人生无望，这也是错的。实则“善恶是法，法非善恶”也。

行恶无善念
行善无恶心
善恶如浮云
无生亦无灭

天生暴躁

盘珪禅师说法时不仅浅显易懂，也常在结束之前，让信徒发问问题，并当场解说，因此不远千里慕道而来的信徒很多。

有一天，一位信徒请示盘珪禅师说：

“我天生暴躁，不知要如何改正？”

盘珪：“是怎么一个‘天生’法？你把它拿出来给我看，我帮你改掉。”

信徒：“不！现在没有，一碰到事情，那‘天生’的性急暴躁，才会跑出来。”

盘珪：“如果现在没有，只是在某种偶发的情况下才会出现，那么就是你和别人争执时，自己造就出来的，现在你却把它说成是天生，将过错推给父母，实在是太不公平了。”

信徒经此开示，会意过来，再也不轻易的发脾气了。

天生的，世间上没有天生的东西，大自然因缘聚合会生森罗万象，吾人的本性上包含了善恶诸法，所谓“心生则种种法生，心灭则种种法灭。”任何人只要有心，没有什么改不了的恶习。

罪业本空由心造
心若灭时罪亦亡
心亡罪灭两俱空
是则名为真忏悔

安住何處

唐朝丹霞禅师有一次想要去拜见马祖禅师，在路上碰到一个白胡苍苍的老人及一个髫龄的童子，丹霞禅师见老者器宇不凡，因此向前恭谨地问道：

“公住何处？”

老人用手一指上下，回答道：“上是天，下是地。”这意思是说宇宙之内都可为家。丹霞好像抓住了老人的辫子，追问道：

“若遇天崩地陷怎么办？”这意思是说宇宙天地毁灭了怎么办呢？

老人高声呼叫道：“苍天！苍天！”这意思是说宇宙天地是成住坏空的。

童子就在旁边“嘘”了一声，这嘘声的意思是透露自家本性的住处是不生不灭的。

丹霞大大地赞美道：“非其父不生其子。”

老人与童子随即入山而去。

住，吾人要住何处？慈航法师说：“只要自觉心安，东西南北都好。”所以上是天，下是地，处处无家，处处为家。

但世间人把自己住在声色货利里，住在功名权力里，而声色货利、功名权力都在变异不停，哪里能平安无事的安住？

人若能肯定自己，不被五欲六尘的境界牵着鼻子走，心能安住，则天崩地裂又奈我何！

菩萨清凉月，常游毕竟空。看到月亮在空中四无依靠，像是非常危险，其实非常安全，就因菩萨住在般若空性之中，了无挂碍，菩萨才能生活得自由自在。

理事圆融泯自他
白云飞去了无痕
海纳百川流不尽
空谷万象是吾家

禅的心要

大诗人白居易有一次请问惟宽禅师道：

“身口意如何各自修行？”

惟宽：“无上菩提者，被于身为律，说于口为法，行于心为禅；应用者三，其致一也。如江淮河汉，在处立名，名虽不一，水性无二。律即是法，法不离禅，身口意合一而修，身口意皆名心也。云何于中，妄起分别？”

白居易：“既无分别，何以修心？”

惟宽：“心本无损伤，云何要修？要知道无论是垢是净，一切都要不可起念!”

白居易：“垢，可以拂拭，不可起念；净，能无念可乎？”

惟宽：“如人眼睛，物不可住，金屑虽珍宝，在眼亦为病，乌云遮蔽天空，白云同样遮蔽天空。”

白居易：“无修无念又何异凡夫？”

惟宽：“凡夫长无明，二乘长执著，离此无明和执著的二病，是名真修；真修者，不得勤，不得忘，勤者近执著，忘即落无明，此为心要云尔!”

白居易有悟，后终于成为佛教实践的行者。

世间一切，有好有坏，有大有小，例如布施，布施多，多功德，布施少，少功德，故一切都有分别。身修则有不杀、不盗、不邪淫；口修则有不妄语、不绮语、不两舌、不恶口；意修则不贪欲、不嗔恚、不邪见。身口意的修行，当然各各有别。若于真心自性上讲，本自清净，本自具足，何假修证？何有勤忘？故惟宽禅师以此为禅之心要耳。

金屑虽珍宝
在眼亦成病
离无明执著
是名真禅心

如蟲禦木

有一次，沩山灵祐禅师在百丈禅师身旁，百丈禅师问道："谁？"

沩山禅师答道："灵祐!"

百丈禅师道："你拨一拨火炉中，看看还有火没有？"

沩山禅师在炉中拨了一拨，回答道："无火。"

百丈禅师亲自站起来，走到炉边，用火钳在炉中深深一拨，拨出一点火星，取出来给沩山看，然后说道："你说无，这个不是火吗？"

沩山灵祐禅师说道："我知道是有，只是未能深深一拨!"

百丈禅师道："这只是暂时的歧路，经典上说，要了悟佛性，当观时节因缘，时节因缘一到，如迷忽悟，如忘忽忆，那时才知道自己本来一切具足，不是从外而获得的。所以，祖师说：悟境同未悟，无心如有心。凡圣虚妄，本来心法，原自备足。你现在已经如此，好好保护并把握它吧!"

第二天，沩山禅师随同百丈禅师入山出坡 (劳动服务)。百丈禅师问沩山道："火种带来了吗？"

沩山禅师答道："带来了。"

百丈禅师追问道："在什么地方？"

沩山禅师捡起一枝柴，吹了两下，然后交给百丈禅师。百丈禅师欢喜地说道："如虫御木，偶而成文。"

"火种"，代表了什么？暗示了什么？此即所谓佛性也。百丈禅师要沩山到炉中拨火，此即暗示他要找到自己的佛性。找到佛性本心，谈何容易？百丈禅师不得不亲自示范，要深深一拨，自性才能现前。甚至师徒在出坡时，都在策励生活中不要忘记自性，一句"火种带来了吗？"这里面多少慈悲、多少智慧、多少生活禅也。

凡圣心法
原自备足
如虫御木
偶尔成文

是邪是正

渐源仲兴禅师在道吾禅师处任侍者时，有一次端茶给道吾禅师，道吾禅师指着茶杯道：

“是邪？是正？”

仲兴走近道吾禅师的跟前面对着他，一句话不说，道吾禅师道：“邪则总邪，正则总正。”

仲兴摇摇头，表示意见道：“我不认为如此。”

道吾追问：“那你的看法？”

仲兴就把道吾手中杯子抢到手里，大声反问：

“是邪？是正？”

道吾抚掌大笑，说道：“汝不愧为我的侍者。”

仲兴便向道吾禅师礼拜。

道吾禅师开示的“是正？是邪？”这内中的道理，所谓“邪人说正法，正法也是邪；正人说邪法，邪法也成正。”有些天天说道的人，却破坏人的信心；有些好打喜骂的人，却能给人入道。名医治病，砒霜毒药皆成良药，因此说“邪则总邪，正则总正。”

仲兴禅师认为宇宙有“诸法因缘生，诸法因缘灭”，能体会时则不执断，亦不执常，作如此会时，则一切皆正。若将手中物执有执空则皆是邪。以此见地反问老师，道吾禅师欣慰嘉勉，终于师资相契了。

邪人说正法
正法也成邪
正人说邪法
邪法也成正

不可向你說

有一学僧想到覆船禅师住的地方去，在路上碰到一个卖盐的老翁，于是就向前问道：

“请问老翁覆船路如何去？”

良久，都等不到老翁的回答，于是学僧又问一次。

老翁：“我已经向你说过了，你聋吗？”

学僧：“你回答过我什么？”

老翁：“向你说覆船路。”

学僧：“难道说你也学禅吗？”

老翁：“不止是禅，连佛法也全会。”

学僧：“那你试说看看？”

老翁一句话也不说，挑起盐篮便要走。

学僧不解，只道了一声：“难!”

老翁：“你为什么这样说？”

学僧：“盐翁!”

老翁：“有何指示？”

学僧：“你叫做什么？”

老翁：“不可向你说这是盐。”

要去覆船禅师处参学，路要怎么走？“既曰覆船，何有道路？”道，有难行道，易行道，有大乘道，小乘道，有出世道，世间道。一般学者，总要循道前行，但禅门学者，“丈夫自有冲天志，不向如来行处行。”虽是覆船，又何无路?

丈夫自有冲天志
不向如来行处行

曬香菇

永平寺里，有一位八十多岁驼着背的老禅师，在大太阳下晒香菇，住持和尚道元禅师看到以后，忍不住地说："长老!您年纪这么老了，为什么还要吃力劳苦做这种事呢？请老人家不必这么辛苦!我可以找个人为您老人家代劳呀!"

老禅师毫不犹豫地道："别人并不是我!"

道元："话是不错!可是要工作也不必挑这种大太阳的时候呀!"

老禅师："大太阳天不晒香菇，难道要等阴天或雨天再来晒吗？"

道元禅师是一寺之主，指导万方，可是遇到这位老禅师，终于认了输。

禅者的生活，无论什么，都不假手他人，也不等到明天。"别人不是我"，"现在不做，要待何时？"这是现代人应该深思的问题。

不经一番寒彻骨
怎得梅花扑鼻香
直饶热得人流汗
荷池莲蕊也芬芳

飛越生死

有一个学僧道岫，虽然精于禅道的修持，但始终不能契悟，眼看比他晚入参禅学道的同参，不少人对禅都能有所体会，想想自己实在没有资格学禅，既不幽默，又无灵巧，始终不能入门。心想还是做个行脚的苦行僧吧!于是道岫就打点二斤半的衣单，计划远行。临走时便到法堂去向广圄禅师辞行。

道岫禀告道："老师!学僧辜负您的慈悲，自从皈投在您座下参学已有十年之久，对禅，仍是一点消息没有。我实在不是学禅的根器，今向您老辞行，我将云游他方去。"

广圄禅师非常惊讶地问道："哦!为什么没有觉悟就要走呢？难道到别处就可以觉悟吗？"

道岫诚恳的再禀告道："我每天除了吃饭、睡觉之外，都精进于道业上的修持，我用功就是因缘不合。反观同参的道友们一个个都契机的回归根源。目前在我心的深处，萌发一股倦怠感，我想我还是做个行脚的苦行僧吧!"

广圄禅师听后开示道："悟，是一种内在本性的流露，根本无法形容，也无法传达给别人，更是学不来也急不得的。别人是别人的境界，你修你的禅道，这是两回事，为什么要混为一谈呢？"

道岫道："老师!您不知道，我跟同参们一比，立刻就有大鹏鸟与小麻雀的惭愧。"

广圄禅师装着不解似的问道："怎么样的大？怎么样的小？"

道岫答道："大鹏鸟一展翅能飞越几百里，而我只囿于草地上的方圆几丈而已。"

广圄禅师意味深长地问道："大鹏鸟一展翅能飞越几百里，它已经飞越生死了吗？"

道岫禅僧听后默默不语，若有所悟。

谚云："人比人，气死人。"比较、计较，这是烦恼的来源，怎能透过禅而悟道呢？聪明、机智，大鹏鸟一展翅千八百里，但不能飞越过生死大海。因为小麻雀与大鹏鸟是比较上有快慢、有迟速，但禅是从平等自性中流出的。所以道岫禅僧一旦除去比较、计较，回归到平等自性中来，就能有所悟了。

佛在灵山莫远求
灵山只在汝心头
人人有个灵山塔
好向灵山塔下修

不許為師

兜率从悦禅师，参访密行的清素禅师，非常礼敬。有一次因食荔枝，经过清素禅师的窗口就很恭敬地说道：

“长老!这是家乡江西来的水果，请您吃几个!”

清素很欢喜的接过荔枝，感慨地说道：“自从先师圆寂后，不得此食已久了。”

从悦问道：“长老先师是何大德？”

清素答道：“慈明禅师，我在他座下忝为职事一十三年。”

从悦禅师非常惊讶地赞叹道：“十三年堪忍职事之役，非得其道而何？”说后，便将手上的荔枝全部供养给清素长老。

清素即以感激的态度说道：“我因福薄，先师授记，不许传人，今看你如此虔诚，为此荔枝之缘，竟违先师之记。将你的心得告诉我!”

从悦禅师具道所见。

清素开示道：“世界是佛魔共有的，最后放下时，要能入佛，不能入魔。”

从悦禅师得到印可以后，清素禅师教诫道：“我今为你点破，让你得大自在，但切不可说是承嗣我的!真净克文才是你的老师。”

“要学佛道，先结人缘”，荔枝有缘，即能悟道。“佛法在恭敬中求”，从悦对前辈的恭敬，恭敬中就能得道。古人一饭之思，终生不忘，如清素禅师，一荔之赐，竟肯道破心眼，此乃感恩有缘也。“不可嗣我，当可嗣真净克文禅师”，师资相助相信，亦禅门之美谈也。

要学佛道　先结人缘

荔枝有缘　即能悟道

寸絲不掛

净居寺的比丘尼玄机，常在大日山的石窟中打坐参禅。有一天，忽然兴起一个念头，心想："法性湛然深妙，原本没有来去之相，我这样厌恶喧哗而趋于定寂，算不得是通达法性的人。"

于是她立刻动身去访雪峰禅师。

雪峰初见时问道："从什么地方来？"

玄机回答道："大日山。"

雪峰用机锋语问道："太阳出来了没有？"

玄机不甘示弱道："假如太阳出来的话，会把雪峰给融化了。"

雪峰见其出语不凡，再问："你叫什么名字？"

"玄机。"

"一天能织多少？"

"寸丝不挂!"

当玄机礼拜而退时，才走了三五步，雪峰道：

"你的袈裟拖在地下!"

玄机听后，赶快回头看一下袈裟的衣角。雪峰哈哈笑道："好一个寸丝不挂!"

玄机和雪峰的对话，可以看出禅的不同境界。玄机的话是捷辩，不是禅；雪峰禅师的一句"好一个寸丝不挂"，那才是禅机!

法性湛然深妙
本无来去之相
玄机雪峰机锋
好个寸丝不挂

野狐禅

百丈怀海禅师，是马祖道一禅师的嗣人。“马祖创丛林，百丈立清规”，可见他对禅门的贡献。

一日，百丈禅师说法圆满，大众皆已退去，独有一老者逗留未去，禅师问道：

“前面站立的是什么人？”

老者答道：“我某甲不是人，实系一只野狐。过去古佛时，曾在此百丈山修行，后因一位学僧问道：‘大修行人还落因果也无？’我某甲回答说：‘不落因果!’因此一答语，我五百世堕在狐身，今请禅师代一转语，以希能脱野狐之身!”

百丈禅师听后，慈悲地说道：“请问!”

老者合掌问道：“大修行人还落因果也无？”

百丈禅师答道：“不昧因果!”

老者于言下大悟，作礼告辞后，第二天百丈禅师领导寺中大众到后山石岩之下洞内，以杖挑出一野狐死尸，禅师嘱依亡僧之礼火葬。

这是一则有名的公案，只为了回答学僧说一句“不落因果”，为什么堕入五百世狐身？百丈禅师为其转说一句“不昧因果”，为什么能脱去五百世狐身之苦？其间一字之差，实有天壤之别。问：“大修行的人还落因果也无？”答曰：“不落因果。”此即指有修行的人不受因果报应，这种随便胡乱的指点，错矣!差矣!因为任何人都逃不出因果报应之外。百丈禅师的“不昧因果”，实乃至理名言，因为任何修行悟道的人，都要“不昧因果”。

故无门禅师曾有颂云：“不落不昧，两采一赛；不昧不落，千错万错!”

不落不昧
两采一赛
不昧不落
千错万错

洗面革心

良宽禅师，毕生修行参禅，从未稍懈一天。当他老年时候，从家乡传来一个消息，说他的外甥，不务正业，赌吃玩乐，快要倾家荡产，家乡父老，希望这位禅师舅舅，能大发慈悲，救救外甥，劝他回头是岸，重新做人。

良宽禅师终于为乡情所感，就不辞辛苦，走了三天的路程，回到童年的家乡。良宽禅师终于和多年没见过的外甥见面了。这位外甥非常高兴与他的和尚舅父相聚，并且特地留舅父过夜。

良宽禅师在俗家床上坐禅坐了一夜，次晨离去的时候，就对他的外甥说道："我想我真是老了，两手直是发抖，可否请你帮忙把我草鞋带子系上？"

他的外甥非常高兴地助了他一臂之力。良宽禅师慈祥地说道：

"谢谢你了，你看，人老的时候，就一天衰似一天。你要好好保重自己，趁年轻的时候，要把人做好，要把事业基础打好。"

禅师说完话后，掉头就走，对于外甥的任何非法行为，一句不提，但就从那天以后，他的外甥再也不花天酒地去浪荡了。

禅宗的教学法，有时当头棒喝，有时反诘追问，有时有无不定，有时暗示含蓄。总之禅的教育，就是不说破，不说破的才是自己的全部。

天下爱护儿女的父母们，你们能懂得这种禅心么？

浪子治游倦归家
老婆心切是良宽
当惜寸阴勤系履
不道彼处是真章

不知道

宋朝有一将军曹翰，在讨伐南方的贼寇之后，路经庐山的圆通寺，寺僧因知曹翰的军队风纪不好，大家就吓得四散逃逸，只有住持缘德禅师端坐法堂不动。曹翰叫他，他也不理不睬，甚至连瞧一眼都不肯，曹翰英雄式的自尊心受到伤害，非常生气地说道：

"我的军队路过此间，只想借宿贵寺，让士兵们休息一下，为什么你连一声招呼都没有？你竟敢如此无理，难道你不知道面前站着一个杀人不眨眼的将军吗？"

禅师听后，平静地睁开双眼，回答道："一个军人站在佛前咆哮，如此无礼，难道你不怕因果报应吗？"

曹翰更是大吼道："什么因果报应不报应，难道你不怕死吗？"

缘德禅师也提高了声音说道："难道你不知道面前坐着一个不怕死的禅僧吗？"

曹翰非常讶异于禅师胆量，同时也被禅师如此的定功折服，问道："这么大的一座寺庙只剩下你一个人，其他人呢？"

缘德禅师道："只要一打鼓，他们就会闻声回来。"

曹翰就猛力敲鼓，敲了好久，但却没有出现任何人。曹翰不悦道："已经打鼓了，怎么还没有人回来？"

缘德禅师从容道："因为你打鼓的时候，杀气太重，请念一句'南无本师释迦牟尼佛'，然后敲一下！"

因此，曹翰念佛打鼓，打鼓念佛，不久藏起来的寺僧都跑回来了。曹翰此时非常有礼地合掌问道："请问禅师上下？"

禅师平静地回答道："我是缘德。"

曹翰惊叹不已，随即跪下来祈求道："原来是德高望重的缘德禅师！禅师，请指示我，如何才能在战争中制胜？"

缘德禅师漠然地应道："不知道！"

自古以来，社会每有战乱，总有一些大德护卫道场，愿与寺庙共存亡。像缘德禅师者，勇敢、慈悲、智慧之人也。兵难不离是勇，叫人念佛是慈，随兴回话是智。尤以问战争取胜之道，回以"不知道"，真智仁勇之大德也，此岂非禅心之功用也欤。

人生到处知何似
应似飞鸿踏雪泥
泥上偶然留指爪
鸿飞那复计东西

通身是眼

有一次，道吾禅师问云岩；“观世音菩萨有千手千眼，请问你，哪一个眼睛是正眼呢？”

云岩：“如同你晚上睡觉，枕头掉到地下去时，你没睁开眼睛，手往地下一抓就抓起来了，重新睡觉，请问你，你是用什么眼去抓的？”

道吾禅师听了之后，说：“喔！师兄，我懂了！”

“你懂什么？”

“遍身是眼。”

云岩禅师一笑，说：“你只懂了八成！”

道吾疑惑地问：“那应该怎么说呢？”

“通身是眼！”

“遍身是眼”，这是从分别意识去认知的；“通身是眼”这是从心性上无分别智慧上显现的。我们有一个通身是眼的真心，为什么不用它彻天彻地的观照一切呢?

千手千眼观世音
通身是眼照世间

育才之道

有一位信徒在佛殿礼佛后，便信步到花园散步，碰巧看到园头(负责园艺的僧众)正埋首整理花草，只见他一把剪刀在手中此起彼落，将枝叶剪去，或将花草连根拔起，移植另一盆中，或对一些枯枝浇水施肥，给予特别照顾。信徒不解地问道：

“园头禅师，照顾花草，你为什么将好的枝叶剪去？枯的枝干反而浇水施肥，而且从这一盆搬到另一盆中，没有植物的土地，何必锄来锄去，有必要这么麻烦吗？”

园头禅师道：“照顾花草，等于教育你的子弟一样，人要怎么教育，花草也是。”

信徒听后，不以为然道：“花草树木，怎能和人相比呢？”

园头禅师头也不抬地说道：“照顾花草，第一、对于那些看似繁茂，却生长错乱，不合规矩的花，一定要去其枝蔓，摘其杂叶，免得它们浪费养分，将来才能发育良好；就如收敛年轻人的气焰，去其恶习，使其纳入正轨一样。第二、将花连根拔起植入另一盆中，目的是使植物离开贫瘠，接触沃壤；就如使年轻人离开不良环境，到另外的地方接触良师益友，求取更高的学问一般。第三、特别浇以枯枝，实在是因为那些植物的枯枝，看来已死，内中却蕴有无限生机；不要以为不良子弟，都是不可救药，对他灰心放弃，要知道人性本善，只要悉心爱护，照顾得法，终能使其重生。第四、松动旷土，实因泥土中更有种子等待发芽；就如那些贫苦而有心向上的学生，助其一臂之力，使他们有新机成长茁壮。”

信徒听后非常欣喜地说道：“园头禅师，谢谢您替我上了一课育才之道！”

《涅槃经》云：“情与无情，同圆种智。”世间上没有不可救的生命，没有不可教的人才。寺院山门口往往供一尊笑容满面的弥勒佛圣像，意思是用慈悲（爱）摄受你；但弥勒佛的背后，却供了一尊手拿降魔杵的将军韦驮圣像，意思是用威武（力）折服你。父母师长对年轻子弟，一面授予爱的摄受，一面给予力的折服，子弟不会不成材的。

爱的摄受
力的折服
情与无情
同圆种智

一切皆禅

有一位云水僧听人传说无相禅师禅道高妙，想和其辩论禅法，适逢禅师外出，侍者沙弥出来接待，道："禅师不在，有事我可以代劳。"

云水僧道："你年纪太小不行。"

侍者沙弥道："年龄虽小，智慧不小喔！"

云水僧一听，觉得还不错，便用手指比了个小圈圈，向前一指。侍者摊开双手，划了个大圆圈，云水僧伸出一根指头，侍者伸出五根指头。云水僧再伸出三根手指，侍者用手在眼睛上比了一下。

云水僧诚惶诚恐地跪了下来，顶礼三拜，掉头就走。云水僧心里想：我用手比了个小圈圈，向前一指，是想问他，你胸量有多大？他摊开双手，划了个大圈，说有大海那么大。我又伸出一指问他自身如何？他伸出五指说受持五戒。我再伸出三指问他三界如何？他指指眼睛说三界就在眼里。一个侍者尚且这么高明，不知无相禅师的修行有多深，想想还是走为上策。

后来，无相禅师回来，侍者就报告了上述的经过，道："报告师父！不知为什么，那位云水僧知道我俗家是卖饼的，他用手比个小圈圈说，你家的饼只这么一点大。我即摊开双手说，有这么大呢！他伸出一指说，一个一文钱吗？我伸出五指说五文钱才能买一个。他又伸出三指说，三文钱可以吗？我想太没良心了，便比了眼睛，怪他不认识货。不想，他却吓得逃走了！"

无相禅师听后，说道："一切皆法也，一切皆禅也！侍者，你会吗？"

侍者茫然，不知为对。

佛法讲究机缘，禅，就是机缘，你懂得，无时不禅，无处不禅，无人不禅，无事不禅。不懂，即使说得天花乱坠，也与禅无关。禅史中有赵州茶、云门饼之说，此皆禅也。俗语云：讲者无心，听者有意。故无相禅师曰一切皆法也，一切皆禅也。

无时不禅
无处不禅
无人不禅
无事不禅

割耳救雉

智舜禅师，唐代人，一向在外行脚参禅。有一天，在山上林下打坐，忽见一个猎人，打中一只野鸡，野鸡受伤逃到禅师座前，禅师以衣袖掩护着这只虎口逃生的小生命。不一会儿，猎人跑来向禅师索讨野鸡：

“请将我射中的野鸡还给我！”

禅师带着耐性，无限慈悲地开导着猎人

“它也是一条生命，放过它吧！”

“你要知道，那只野鸡可以当我的一盘菜哩！”

猎人一直和禅师纠缠，禅师无法，立刻拿起行脚时防身的戒刀，把自己的耳朵割下来，送给贪婪的猎人，并且说道：

“这两只耳朵，够不够抵你的野鸡，你可以拿去做一盘菜了。”

猎人大惊，终于觉悟到打猎杀生乃最残忍之事。

为了救护生灵，不惜割舍自己的身体，这种“但为众生得离苦，不为自己求安乐”的德性，正是禅师慈悲的具体表现。禅者，不是逃避社会，远离人群；禅者的积极舍己救人的力行，从智舜禅师的割耳救雉，可见一斑矣。

但愿众生得离苦
不为自己求安乐

一與二

在中国佛教史上，道教的道士和佛教的出家法师，时常辩论、斗法。

有一个道士向法印禅师说道：

“你们佛教怎么样也比不上我们的道教，因佛教最高的境界是‘一心’，是‘一乘’，是‘一真法界’，‘一佛一如来’，也是‘一’；而我们道教讲什么东西都是‘二’，可以说，‘二’胜过你们的‘一’，比方‘乾坤’、‘阴阳’，这都是‘二’。实在说，‘二’要比你们‘一’高明。”

法印禅师听后，像是不解地问道：“真的吗？你们的‘二’真能胜过‘一’吗？”

道士：“只要你说‘一’，我就能‘二’，一定能胜过你们。”

法印禅师就跷起了一条腿来，慢慢的说道：

“我现在竖起了一条腿，你能把两条腿跷起来吗？”

道士哑口无言！

佛教史上记载我国有三武一宗的教难，大都因为道士嫉恨佛教所引起。西洋有耶稣教的新旧之争，印度有婆罗门教和回教之争，佛教尚和平，但仍难免有道教之不相容，连一二都成为争论主题。如法印禅师之方便机辩，亦禅之巧妙应用也。

百千法门同归方寸
河沙妙德总在心源

誠實無欺

道楷禅师，宋人，得道后，大阐禅门宗风。曾担任过净因寺、天宁寺等大寺的住持。一日，皇上派遣使者，颁赠紫衣袈裟，以褒扬他的圣德。并赐号定照禅师。

禅师上表坚辞不受。皇上再令开封府的李孝寿亲王至禅师处，表达朝廷褒奖的美意，禅师仍不领受。因此触怒皇上，敕交州官收押。州官知道禅师仁厚忠诚，当到达寺中时，悄声问道：

“禅师身体虚弱，容貌憔悴，是否已经生病？”

禅师：“没有！”

州官：“如果说是生病，则可免除违抗圣旨的惩罚。”

禅师：“无病就无病，怎可为求免于惩罚而诈病呢？”

州官无奈，遂将禅师贬送淄州。闻者皆流涕不已。

我们经常看到禅者性格风趣活泼，但禅者的诚实固执，于道楷禅师行谊见之。如明代莲池大师赞之曰：

“荣及而辞，人所难也；辞而致罚，受罚而不欺，不曰难中之难乎？忠良传中，何得少此？录之以风世僧。”

荣及而辞
人所难也
辞而致罚
受罚而不欺
不曰难中之难乎
忠良传中
何得少此
录之以风世僧

禅味

唐朝时，有一位懒瓒禅师隐居在湖南南岳的一个山洞中，曾写了一首诗，表达他的心境：

世事悠悠，不如山丘，卧藤萝下，块石枕头；

不朝天子，岂羡王侯？生死无虑，更复何忧？

这首诗意，已说明他的洒脱生活。后来这首诗传到唐德宗的耳中时，德宗很想见见这位禅师，到底是怎样的一个人物？于是就派大臣去迎请禅师，大臣拿了圣旨寻找到了岩洞，正好瞧见禅师在洞里举炊，大臣便在洞口大声呼叫道："圣旨驾到，赶快下跪接旨！"洞内的懒瓒禅师，却装聋作哑的毫不理睬。

大臣探头一瞧，只见禅师以牛粪升火，炉上烧的是地瓜，火愈烧愈炽，烟火弥漫，整个洞里洞外黑雾缭绕，熏得禅师涕泗纵横，侍卫看得忍不住叫道："喂！禅师，你的鼻涕流下来了，为何不擦一擦呢？"

懒瓒禅师头也不回地答道："我才没有闲空为俗人擦拭鼻涕呢？"

懒瓒禅师说后，随即夹起炙热的地瓜，就往嘴里送，并连声赞道："好吃！好吃！"

大臣见状，惊奇得目瞪口呆，因为懒瓒禅师吃的是一块一块的石头。懒瓒禅师吃时，顺手捡了两块递给大臣，并说道："请趁热吃吧！三界唯心，万法唯识，贫富贵贱，生熟软硬，心田识海中不要把他们分在两边。"

大臣见禅师这些奇异举动，和说这些难懂的佛法，不敢回答，只好赶回朝廷，据实报告皇上。皇上德宗听了十分感叹地说道："国有如此禅师，真是大家之福！"

在出家人中，有人间比丘，也有独居比丘。人间比丘弘法利生，服务社会；独居比丘深山岩穴，清净修道。有些人间比丘是人在红尘，心在山林；有些独居比丘人在道场，心在世俗。像懒瓒禅师，遇到皇帝的宠召，视如阎王的召魂；宝物的赏赐，看作拖累负担，实在已是一个超越人间的圣僧了。

练得身形似鹤形
千株松下两函经
我来问道无余说
云在青天水在瓶

回向

有一个农夫，礼请无相禅师到家里来为他的亡妻诵经超度。佛事完毕以后，农夫问道："禅师！您认为我的太太能从这次佛事中得到多少利益呢？"

无相禅师照实说道："当然！佛法如慈航普度，如日光遍照，不止是你的太太可以得到利益，一切有情众生无不得益。"

农夫不满意道："可是我的太太是非常娇弱的，其他众生也许会占她便宜，把她的功德夺去。能否请您只单单为她诵经超度就好，不要回向给其他的众生。"

无相禅师慨叹农夫的自私，但仍慈悲地开示道："回转自己的功德以趋向他人，使每一众生均沾法益，是个很讨巧的修持法门，'回向'有回事向理、回因向果、回小向大的内容，就如一光不是照耀一人，一光可以照耀大众，就如天上太阳一个，万物皆蒙照耀，一粒种子可以生长万千果实。你应该用你发心点燃的这一根蜡烛，去引燃千千万万支的蜡烛，不仅光亮增加百千万倍，本身的这支蜡烛，并不因而减少亮光。如果人人都能抱有如此观念，则我们微小的自身，常会因千千万万人的回向，而蒙受很多的功德，何乐而不为呢？故我们佛教徒应该平等看待一切众生！"

农夫仍是顽固地说道："这个教义很好，但还是要请法师破个例，我有一位邻居老赵，他对我可说是欺我、害我，能把他除去在一切有情众生之外就好了。"

无相禅师以严厉的口吻说道："既曰一切，何有除外？"

农夫茫然，若有所失。

人性之自私、计较、狭隘，于这位农夫身上可以完全看出。只要自己快乐，自己所得所有，管他人的死活？庶不知别人都在受苦受难，自己一个人怎能独享？如论世间，有事理两面。事相上有多少、有差别，但在道理上则无多少、无差别，一切平等，等于一灯照暗室，举室通明，何能只照一物，他物不能沾光？

懂得一切的人，才能拥有一切；舍弃一个，就是舍弃一切。舍弃一切，人生还拥有什么？

回事向理
回小向大
如灯照室
光明通彻

心淨國土淨

有一位虔诚的佛教信徒，每天都从自家的花园里，采撷鲜花到寺院供佛。一天，当他正送花到佛殿时，碰巧遇到无德禅师从法堂出来，无德禅师非常欣喜地说道：

“你每天都这么虔诚的以香花供佛，依经典的记载，常以香花供佛者，来世当得庄严相貌的福报。”

信徒非常欢喜回答道：“这是应该的，我每次来寺礼佛时，自觉心灵就像洗涤过似的清凉，但回到家中，心就烦乱了，我们一个家庭主妇，如何在烦嚣的城市中保持一颗清净纯洁的心呢？”

无德禅师反问道：“你以鲜花献佛，相信你对花草总有一些常识，现在我问你，你如何保持花朵的新鲜呢？”

信徒答道：“保持花朵新鲜的方法，莫过于每天换水，并且于换水时把花梗剪去一截，因花梗的一端在水里容易腐烂，腐烂之后水份不易吸收，就容易凋谢！”

无德禅师道：“保持一颗清净纯洁的心，其道理也是一样，我们生活环境像瓶里的水，我们就是花，唯有不停净化我们的身心，变化我们的气质，并且不断的忏悔、检讨，改进陋习、缺点，才能不断吸收到大自然的食粮。”

信徒听后，欢喜作礼感谢说道：“谢谢禅师的开示，希望以后有机会亲近禅师，过一段寺院中禅者的生活，享受晨钟暮鼓，菩提梵唱的宁静。”

无德禅师道：“你的呼吸便是梵唱，脉博跳动就是钟鼓，身体便是庙宇，两耳就是菩提，无处不是宁静，又何必等机会到寺院中生活呢？”

古德说：“热闹场中作道场”。宁静，只要自己息下妄缘，抛开杂念，哪里不可宁静呢！深山古寺，如果自己妄想不除，就算住在深山古寺，一样无法修持。禅者重视“当下”，何必明天呢？“参禅何须山水地，灭却心头火亦凉”，即此之谓也。

参禅何须山水地
灭却心头火亦凉

鹹淡有味

由艺术家入佛的弘一大师，把佛道修行和艺术生活集合起来，更见出他的人生境界。有一天，名教育家夏丏尊先生前来拜访，吃饭时，只见他吃一道咸菜，夏先生不忍心地说："难道你不嫌这咸菜太咸吗？"

弘一大师回答说："咸有咸地味道！"

过一会儿，弘一大师吃好后，手里端着一杯开水，夏先生又皱皱眉头道："没有茶叶吗？怎么每天都喝这平淡的开水？"

弘一大师又笑一笑说："开水虽淡，但淡也有淡的味道。"

弘一大师的"咸有咸的味道，淡有淡的味道"，这是一句多么富有佛法禅味的话啊！弘一大师把佛法应用在他的日常生活中，他的人生，无处不是味道。一条毛巾用了三年，已经破了，他说还可以再用；住在小旅馆里臭虫爬来爬去，访客嫌恶，他说只有几只而已。可说真正体会了"随遇而安"的生活。

咸有咸的味道
淡有淡的味道

那就是禅

王田是一个精于医术的医生，不过仍有许多病人死去，因此每天都惧怕死的阴影。一次在出诊的路上，碰到一位云水僧，王田于是就请示道：“什么叫禅？”

云水僧回答道：“我也不知如何告诉你，但有一点可以确信的是，一旦会了禅之后，就不用怕死了。”于是在云水僧的指示下，王田前往参访南隐禅师。

王田医师找到南隐禅师的住处，说明来意，并请求开示。

南隐禅师道：“禅不难学，你既然身为一个医师，就应该好好对待你的病人，那就是禅！”王田医师似懂非懂的前后拜访了南隐禅师三次，南隐禅师总是对他说道：“一位医生不该把时间每天消磨在寺院里，快回家照顾你的病患去！”

王田医师非常不解的想着：这种开示，怎能祛除怕死的心呢？因此，当他第四次参访时，就抱怨道：“有位云水僧曾告诉过我，人一旦学了禅就不怕死。每次我到这里，你总是要我照顾我的病患者。对于这一点我很明白；但假如这就是所谓的禅，我以后就不必再来向你请教了。”

南隐禅师微笑的拍着王田的肩膀说道：“我对你太严格了，让我给你一个公案试试吧！”

所谓公案就是南隐禅师要王田参“赵州无”的话头，王田苦参这“无”字公案，前后两年，当他将心境告诉南隐禅师时，得到的答案是“尚未进入禅境”。王田并不灰心的专心致志，又参究一年半，终于自觉心地澄明，难题逐渐消失。“无”已成了真理。

他善待他的病人而不知其为善待，他已脱离了生死挂虑。

最后，当他叩见南隐禅师时，禅师只对他微笑说了一句话：“从忘我到无我，那就是禅心的显现了。”

王田医师经常接触老病死生之人，因此，“眼看他人死，我心急如火，不是伤他人，看看轮到我。”所以对死亡就起了恐惧。南隐禅师要他好好照顾病患者，就是参禅，因为一个人放弃责任，放弃爱心，怎能入禅呢？及至到他参透了“无”字的公案，从有心到无心，从有我到无我，从有生到无生，那就是无死的禅境了。

达摩西来一字无
全凭心地用功夫
若要纸上谈人我
笔影蘸干洞庭湖

真假妄語

道光禅师有一次问大珠慧海禅师道：

“禅师！您平常用功，是用何心修道？”

大珠：“老僧无心可用，无道可修。”

道光：“既然无心可用，无道可修，为什么每天要聚众劝人参禅修道？”

大珠：“老僧我上无片瓦，下无立锥之地，哪有什么地方可以聚众？”

道光：“事实上您每天聚众论道，难道这不是说法度众？”

大珠：“请你不要冤枉我，我连话都不会说，如何论道？我连一个人也没有看到，你怎可说我度众呢？”

道光：“禅师，您这可打妄语了。”

大珠：“老僧连舌头都没有，如何妄语？”

道光：“难道器世间、有情世间、你和我的存在，还有参禅说法的事实，都是假的吗？”

大珠：“都是真的！”

道光：“既是真的，您为什么都要否定呢？”

大珠：“假的，要否定；真的，也要否定！”

道光终于言下大悟。

说到真理，有时要从肯定上去认识的，但有时也可从否定上去认识的。如《般若心经》云：“色即是空，空即是色，受想行识，亦复如是。”这就是从肯定中认识人生和世间的；《般若心经》又云：“无眼耳鼻舌身意，无色声香味触法。”这就是从否定中认识人生和世间的。大珠慧海禅师否定一切名句文身，不是妄语，因为否定一切，才是肯定一切。

无心可修
无道可用
真假俱造
即如如佛

图书在版编目（CIP）数据

安心：星云禅话：禅画本 / 星云大师 著. —南京：江苏文艺出版社，2011.5
ISBN 978-7-5399-4243-8

Ⅰ.①安… Ⅱ.①星… Ⅲ.①禅宗—通俗读物
Ⅳ.①B946.5-49

中国版本图书馆CIP数据核字（2011）第013813号

书　　名　**安心：星云禅话**
著　　者　星云大师
责任编辑　刘　佳
责任校对　卓　玛
内页书法　刘志辉
责任监制　卞宁坚　江伟明
出版发行　凤凰出版传媒集团
　　　　　　江苏文艺出版社　http://www.jswenyi.com
集团网址　凤凰出版传媒网　http://www.ppm.cn
经　　销　江苏省新华发行集团有限公司
照　　排　江苏凤凰制版有限公司
印　　刷　江苏凤凰印务有限公司
开　　本　787*1092　1/16
字　　数　70千
印　　张　13
版　　次　2011年5月第1版，2011年5月第1次印刷
标准书号　ISBN 978-7-5399-4243-8
定　　价　30.00元
（江苏文艺版图书凡印刷、装订错误可随时身承印厂调换）